Lars Franke

Auf den Spuren alter

Klostersagen

von der Niederlausitz
über Berlin bis Rügen

Lars Franke

Auf den Spuren alter

Klostersagen

von der Niederlausitz über Berlin bis Rügen

steffen verlag

Inhaltsverzeichnis

Sassnitz
4 Bergen
Stralsund 31
Ribnitz-Damgarten
Bad Doberan
3
27
Rostock
Grimmen
11 Eldena bei Greifswald
Wismar
33
Neukloster
22
Grevesmühlen
26
Rehna
Rühn
28
Gustrow
32
Tempzin
Schwerin
Dargun 9
Demmin
Stolpe 30
Anklam
15 Ivenack
Ueckermünde
Torgelow
Stepenitz
29
Hagenow
Parchim
Waren
Neubran-denburg
Nemerow 21
Gramzow
Pasewalk
12
Neustrelitz
Ludwigslust
25
Prenzlau
6
Boitzenburg
Himmelpfort
14
Lindow
18
Pritzwalk
13
Wittstock
Heiligengrabe
Templin
Schwedt (Oder)
Perleberg
Wittenberge
Angermünde
34
Angermünde
2
Kyritz
23
Neuruppin
Zehdenick
Chorin 7
Eberswalde
Oranienburg
Wandlitz
Bad Freienwalde
Velten
1
Altfriedland
Strausberg
Stendal
Rathenow
Nauen
Premnitz
Gardelegen
5
Berlin
Neuenhagen
Erkner
Genthin
Potsdam
Lehnin 17
Schönefeld
Ludwigsfelde
Königs Wusterhausen
Frankfurt (Oder)
Haldensleben
Zossen
Neustadt
Magdeburg
Belzig
Eisenhüttenstadt
Neuzelle 24
Zinna 35
Luckenwalde
Oschersleben
Schönebeck
16
Zerbst
Jüterbog
8 Dahme
Lübben
Lübbenau
Staßfurt
Calbe
Rosslau
Dessau
19 Luckau
Bernburg
Kothen
Jessen
Cottbus
Kolkwitz
Forst
Aschersleben
Herzberg
Doberlug-Kirchhain
Hettstedt
Wolfen
Bitterfeld
Finsterwalde
Mühlberg 20
10
Grossraschen
Spremberg
Delitzsch
Torgau
Bad Liebenwerda
Lauchhammer
Senftenberg
Halle
Sangerhausen
Eilenburg
Hoyerswerda

Die Neugier der Nonnen

Altfriedland

In Altfriedland ist Deutschland zu Ende. Fast zu Ende. Bis nach Polen ist es nur noch der oft bemühte »Katzensprung«. Das Dorf liegt in der Nähe von Wriezen. Also im östlichen Brandenburg – im Oderbruch. Ein Ort wie ihn im Mittelalter der Zisterzienser-Orden bevorzugte. Weit entfernt von der christlichen Zivilisation. Mitten zwischen Sümpfen und Nebenarmen der Oder, in unmittelbarer Nachbarschaft einer slawischen Fischersiedlung. Genau richtig, um die Ordensregel vom Beten und Arbeiten in die Tat umzusetzen.

Wann sich die Zisterzienserinnen in Altfriedland niedergelassen haben, lässt sich mit dem Abstand von fast 800 Jahren nicht mehr genau feststellen. Es müsste zwischen 1230 und 1270 gewesen sein. Urkunden gibt es keine, und was an Klostergebäuden die Zeiten überdauert hat, hält sich in Grenzen. Vom Wohntrakt der Nonnen sind Reste des Refektoriums übrig geblieben. Dieser Speisesaal dürfte bis zu 60 Frauen Platz geboten haben. Erhalten geblieben ist die Kirche. Ein bescheidenes Gotteshaus, so wie es sich für Zisterzienserinnen gehört. Das Kirchlein hatte lange leer gestanden, bevor es Mitte der 1730er Jahre – also während der Regentschaft von König Friedrich Wilhelm I. – instand gesetzt wurde. Was überrascht, denn der »Soldatenkönig« war trotz seiner tiefen Gläubigkeit dafür bekannt, dass er eher Kirchen abtragen ließ, als neue zu errichten. Doch in Altfriedland führte damals ein Verwandter des Königs das Regiment. Besitzer des Amtes Altfriedland war Carl Albrecht von Brandenburg-Sonnenburg. Zu diesem Zeitpunkt war die Altfriedländer Stadtkirche so baufällig geworden, dass nur noch ein Abriss in Frage kam. Der Ausbau der ungenutzten Klosterkirche war allemal kostengünstiger als ein Neubau, was bei der Entscheidung eine Rolle gespielt haben dürfte.

Vergeblich wird man heute nach den Klostertoren suchen, die ab 1371 gleich mit zwei Schlössern gesichert werden mussten. Um den Schwestern das unerlaubte Verlassen des Klausurbereiches zu verwehren und um Verwandte von störenden Besuchen abzuhalten. Damit nicht genug. Die neue Klosterordnung, die Bischof Dietrich II. von Brandenburg/Havel erlassen hatte, ging noch viel weiter. Der Kirchenfürst musste offenbar auf den lockeren Lebenswandel hinter den Klostermauern reagieren. Im Laufe der Zeit hatten nämlich die Ordensschwestern ihr Gelübde immer großzügiger ausgelegt. Nicht anders ist die Verschärfung der Klosterordnung zu verstehen. Bischof Dietrich, ein geborener von der Schulenburg, wies gleichzeitig an, dass die Schwestern keine eigenen Zimmer besitzen durften. Sie hatten die gemeinschaftlichen Schlafsäle zu nutzen. Keine von ihnen durfte ein Mehr an Speisen und Getränken verlangen, als ihnen die Äbtissin zuteilte. Geburtstagsfeiern und Maskeraden zu den Osterspielen wurden ihnen ausdrücklich verboten. Im Übrigen hatten ab sofort die in der Regel adligen Nonnen nur noch die Dienste solcher Mägde in Anspruch zu nehmen, die ihnen der Propst ausdrücklich zugebilligt hatte. So sollten Tugenden wie Mäßigung, Schamgefühl und Demut wieder durchgesetzt werden. Und man wollte gegen die unstandesgemäße Neugier der Nonnen gegenüber allem Weltlichen vorgehen.

Im Dorf, das damals sogar den Status eines »stetleyn« hatte, war man fest überzeugt, dass kein Fremder den Ort betreten konnte, ohne dass dies im Kloster registriert wurde. Wenn es sich um attraktive, junge Männer handelte, sollen die Schwestern ganz besonders aufgeschlossen gewesen sein.

Die hohen Klostermauern steckten dieser Neugier enge Grenzen.

»Nonnen-Eiche«

Kirche in Altfriedland

Doch die Damen entwickelten, wenn es um ihr Vergnügen oder um ihr Liebesleben ging, einen ungeahnten Ideenreichtum. Sie kletterten auf eine hohe Eiche, um sich aus luftiger Höhe ein Bild von den vorübergehenden Herren zu machen. Und so eine gewisse Vorauswahl für ein Schäferstündchen zu treffen. Oder auch nur ganz harmlos den Fischern auf der Oder zuzuwinken. Diese »Nonnen-Eiche« – so will man jedenfalls wissen – steht vor dem heutigen Pfarrhaus. Das Gebäude ist übrigens eines der ganz wenigen Fachwerkhäuser aus der Zeit vor der Trockenlegung des Oderbruchs. Errichtet 1633 – mitten im Dreißigjährigen Krieg.

An der Seite des Kurfürsten

Angermünde

Es soll am 24. März 1420 gewesen sein. Die Finsternis hatte das uckermärkische Städtchen Angermünde fest im Griff. Die nächtliche Stille wurde nur ab und zu durch ausgelassenes Grölen aus der Burg unterbrochen. Kriegsknechte aus Pommern ließen es sich dort beim Biere wohl sein. Die Männer hatten auf Befehl ihres Landesherrn den nordbrandenburgischen Ort besetzt, um ihn vor den Truppen des neuen Kurfürsten zu verteidigen. In diesen Wochen war Kurfürst Friedrich I. aus dem Hause Hohenzollern unterwegs, um seine Ansprüche auf die märkischen Lande im Allgemeinen und auf die Uckermark im Speziellen durchzusetzen. Wenn nötig, mit militärischer Gewalt.

Wer sich allerdings in die Nähe des Franziskaner-Klosters begab, konnte ungewöhnliche Geräusche wahrnehmen. Ein Kratzen an der Stadtmauer. Wie schon in den Nächten zuvor. Mönche lösten Steine aus der Stadtmauer, um unbemerkt eine Bresche in die Befestigung zu schlagen. In dieser Nacht sollte ihr heimliches Tun ein Ende finden. Kurfürstliche Soldaten nutzten den Durchbruch in der Mauer und drangen, von den Pommern unbemerkt, in die Stadt ein. Sie überfielen die Wachen am Schwedter Tor und ließen ihre Waffengefährten in den Ort. Es sollen zunächst dreihundert bis vierhundert Reiter gewesen sein, die in die Stadt einrückten. Weshalb die brandenburgischen Landsknechte nicht das Überraschungsmoment nutzten und die gesamte pommersche Besatzung festsetzten, kann nach 600 Jahren niemand mehr sagen. Vielleicht wollte der Kurfürst seinen Leuten eine Ruhepause gönnen. Vielleicht sollte die Angermünder Burg ausgehungert werden. Auf dem Marktplatz wurden jedenfalls einige großkalibrige Geschütze in Stellung gebracht. Indessen hatte das Heer der Pommern-Herzöge Kasimir und Otto die Stadt erreicht. Mit dem Ruf »Stettin, Stettin« stürmten die Männer in den Ort. Stettin war damals die Hauptresidenz der Herzöge von Pommern. Eine erbitterte Schlacht entbrannte. Knapp 1500 Brandenburgern standen reichlich 3000 Pommern gegenüber. Und noch einmal 5000 Polen bildeten die pommersche Reserve. Eine ansehnliche Streitmacht, die sich allerdings nur recht zaghaft in die Kämpfe einließ. Der Einsatz der Kanonen entschied die zweitägige Schlacht für die Brandenburger. Die Pommern und ihre polnischen Verbündeten suchten ihr Heil in der Flucht. Sechzig Ritter und Knappen sollen gefallen sein, 400 Mann gerieten in Gefangenschaft.

Die Unterstützung der Franziskaner für Friedrich I. kam nicht von ungefähr. Dem Bündnis aus Pommern und Polen hatten sich nämlich auch Hussiten angeschlossen. In diesen Glaubenskriegern aus Böhmen sahen die Mönche so etwas wie die Streitkräfte des Teufels. Seit Jan Hus auf dem Scheiterhaufen zu Konstanz den Flammentod erlitten hatte, zogen seine Anhänger mordend und brennend durch weite Teile Europas. Keine Stadt und kein Dorf waren vor ihrer Rache sicher. Vor allem richteten sich die Überfälle auf Klöster. Die Abteien galten den Hussiten als Horte der Unzucht und der Sittenlosigkeit. Mönche und Nonnen waren die Verkörperung alles Bösen. Die katholische Geistlichkeit verehrte dagegen den brandenburgischen Kurfürsten und sein Heer als die Verteidiger des wahren Glaubens.

Als sich die Franziskaner auf die Seite des Hohenzollern-Fürsten schlugen, war das Kloster in Angermünde gerade mal reichlich hundert Jahre alt. Aus dieser Frühzeit hat lediglich die Klosterkirche die Zeiten überdauert. Als mit der Reformation das Aus für den Orden kam, wurde das Gebäude intensiv weitergenutzt. Als Depot für das

Heer, als Gotteshaus der Hugenotten-Gemeinde, während der Napoleonischen Kriege sogar als Gefangenenlager. Die Schlichtheit der Kirche ist Symbol für den Bettelmönch-Orden. Man berief sich auf den Heiligen Franziskus von Assisi, der nicht nur Besitzlosigkeit und Nächstenliebe predigte, sondern diese Ideale der Gesellschaft vorlebte. Der Franziskaner-Orden sah sich deshalb vor allem in der Pflicht, die Einheit der katholischen Kirche und die Unantastbarkeit der Lehren Roms zu bewahren.

Hier in der Uckermark konnten sich die Ordensbrüder im Kampf gegen das Ketzertum voll entfalten. So wurde im Juni 1458 gleich ein ganzes Dorf nach Angermünde befohlen. Die gesamte männliche Bevölkerung von Kerkow musste im Franziskaner-Kloster erscheinen. Vor geistlichen Richtern hatten sich die Verdächtigen langen Verhören zu unterziehen. Am Ende gaben zwölf Kerkower zu, der Sekte der Waldenser anzugehören. Sie schworen ihrem »Irrglauben« ab und konnten weitgehend unbehelligt in ihr Dorf zurückkehren. Ähnlich verfuhren die Richter mit dem Dorf Klein Ziethen. Ein auswärtiger Prediger, der im Großraum Angermünde den Waldensern das Wort Gottes brachte, wurde jedoch in Berlin zum Tode verurteilt und auf dem Scheiterhaufen hingerichtet. »Ketzer-Prozesse« hatte es in der Uckermark schon lange zuvor gegeben. 1336 spürten einem mittelalterlichen Bericht zufolge die Franziskaner von Angermünde Hunderte und Aberhunderte Ketzer auf. Es soll sich dabei um Angehörige der Luciferianer-Sekte gehandelt haben. 14 Frauen und Männer wurden dem Henker übergeben, weil sie sich der Glaubensreinigung versagt hätten, hält eine alte Chronik fest.

Jedenfalls war Ende des 16. Jahrhunderts die Stadt immer noch im gesamten deutschen Reich als »Ketzer-Angermünde« bekannt und berüchtigt.

Der Ruf der Störche

Bad Doberan

Wenn es stimmt, was die alte Legende erzählt, dann kamen die ersten Doberaner Mönche aus Altdorf. Dieser kleine Ort liegt keine fünf Kilometer vom heutigen Münster Bad Doberan entfernt. Eine schlichte Kapelle und eine uralte Scheunenmauer erinnern an das vermutlich erste Kloster in Mecklenburg. Dieser Zisterzienser-Abtei war kein langes Leben beschieden. Schon 1179 – nach nur acht Jahren – ging das Anwesen in Flammen auf. Die zwölf Brüder samt Abt Konrad sowie zwei Dutzend Laienbrüder kamen ums Leben. Wahrscheinlich wurden sie ermordet. Das Kloster war zwischen die Mühlräder eines blutigen Erbstreites geraten. Die katholische Kirche machte daraus einen Glaubenskrieg. Gewiss spielte die Einführung des Christentums eine Rolle. Ob man den neuen Gott oder ob man weiter die alten slawischen Götter anbetete. Wem man künftig opferte oder den Zehnten gab. In erster Linie aber ging es um Macht und Reichtum. Klosterstifter Pribislaw hatte sich nach langen und blutigen Kriegen dem Welfen-Fürsten Heinrich dem Löwen unterwerfen müssen und wurde zum christlichen Gauben gezwungen. Um das sichtbar zu machen, stiftete er das Kloster Altdorf. Seine Erben konnten sich über die Verteilung des Besitzes nicht einigen. Und so zerstörte man alles, was dem Gegner irgendwie nutzen konnte. Eben auch Altdorf.

Der Landstrich in Ostsee-Nähe muss eine besondere Anziehungskraft sowohl auf den Zisterzienser-Orden als auch auf Pläne der mecklenburgischen Landesherren ausgeübt haben. Von Neuem begann man ein Kloster zu errichten. Die Suche nach einem geeigneten Ort für die

Doberaner Münster

Abtei erklärt eine Legende so: Eine hochadlige Jagdgesellschaft war unterwegs, als ein Schwarm von Störchen über sie hinwegflog. Laut geschrien hätten die großen Vögel, schreibt später ein Chronist. Das habe sich wie »dobra« oder »dobber« angehört. Dobry bedeutet in vielen slawischen Sprachen »gut«. Daraus ist Doberan geworden – guter Platz, guter Ort.

Ein wichtiger Ort war das Zisterzienser-Kloster allemal. Es sollte später zu einem der wichtigsten Wallfahrtsorte im deutschen Nordosten werden. Die Erklärung lag auf der Hand: Nicht jeder Pilger konnte sich eine Reise ins italienische Rom oder ins spanische Santiago de Compostela leisten. Weder zeitlich noch finanziell. Auch eine Wallfahrt ins Heilige Land blieb für die meisten Menschen ein frommer Wunsch. Da kam ihnen und dem Kloster eine sogenannte Wunderbluthostie ausgesprochen gelegen. Ein Hirte soll das geweihte Gebäckstück zu Zeiten Heinrichs des Löwen gestohlen haben. Das passt zwar zeitlich nicht wirklich zusammen, doch einer Sage kann man das verzeihen. Der gute Mann war tagein, tagaus mit seiner Herde auf der Doberaner Heide unterwegs. Die Gegend war berüchtigt wegen der vielen Wölfe, und so fürchtete der Mann um sein Leben und um das seiner Tiere. Eines Nachts riet ihm eine Stimme, im Kloster eine Hostie zu stehlen und sie in seinem Hirtenstab einzuschließen. So wären er und die Schafe gegen die Wolfsbrut gefeit. Das Mittel half. Der Hirte gelangte von Jahr zu Jahr zu mehr Wohlstand. Sich seiner Missetat wohl bewusst, verschwieg er diese Gotteslästerung. Sogar gegenüber seinem Beichtvater. Irgendwann musste er dann doch seinem Eheweib die Verfehlung anvertraut haben. Die wiederum hatte nichts Besseres zu tun, als dem Abt davon zu berichten. Daraufhin beschloss der Konvent, mit einer feierlichen Prozession die Hostie ins Kloster zurückzuholen.

Als man den Hirtenstab öffnete, floss Blut aus der Hostie. Ein Wunder war geschehen. Gott hatte den Menschen ein Zeichen gegeben. Eine Kirche wurde eigens für die wundertätige Hostie errichtet. Hunderttausende Pilger werden es im Laufe der Jahre gewesen sein, die hier um Vergebung ihrer Sünden oder um Heilung von Krankheiten baten. Und so manches Geldstück im Kloster zurückließen.

Die Nähe der Ostsee brachte allerdings auch etliche Gefahren mit sich. Vor allem die Stürme im Herbst sorgten immer wieder für bedrohliche Überflutungen. Einmal muss es besonders gefährlich gewesen sein. Tagelang rollten riesige Wellen auf das Ufer zu. So weit man blicken konnte, stand das Land unter Wasser. Von den Wäldern waren nur noch die Wipfel der Bäume zu sehen. Wiesen und ein ganzes Dorf verschwanden unter den Fluten. Wohl auch das ganze Kloster wurde von den Wassermassen bedroht. Die Mönche flohen in ihr Gotteshaus und flehten Gott um Hilfe an. Die Sage spricht allerdings von einer Kloster-Kapelle – etwa eine Stunde von Doberan entfernt. Eine etwas widersprüchliche Ortsangabe, aber wenn so eine Geschichte von Generation zu Generation nur mündlich weitergegeben wird, können sich durchaus Fehler oder Ungenauigkeiten einschleichen. Vom Erzähler gewollt oder auch ungewollt.

Wie auch immer: Die ganze Nacht knieten die Mönche auf dem harten Kirchenboden und richteten ihre Gebete zum Himmel. Schon hatten sie sich mit ihrem unvermeidlichen Tod abgefunden, da dämmerte der Morgen durch die Kirchenfenster. Der neue Tag brachte Rettung.

Draußen war ein Wunder geschehen. Nichts mehr war zu sehen von den Überschwemmungen der vergangenen Tage. Als die Zisterzienser Loblieder singend zum Meer schritten, entdeckten sie einen mächtigen Damm, der das Land vor den mörderischen Wassermassen schützte. Ein Gottesdamm! Die nächtliche Flut hatte riesige Steine herangetrieben, an denen sich die haushohen Wellen brachen und so weiteren Überflutungen Einhalt boten. Das göttliche Wunder und die himmlische Errettung feierten Mönche und Dorfbewohner mit einem Dankgottesdienst. Das nahe gelegene Dorf hieß von nun an Heiligendamm.

1552 blieb allerdings ein ähnliches Wunder aus. Mit den Ideen von Martin Luther kam nicht nur die Reformation nach Mecklenburg, sondern auch die Auflösung aller Klöster im Lande.

Die Botschaft der Glocke

Bergen

Wer die grausame Geschichte kennt, der hört ganz anders hin. Nämlich auf den Glockenklang von Sankt Marien. Seit anno 1445 ermahnt das gute Stück die Menschen in Bergen auf Rügen zu einem gottgefälligen Tagesablauf. Und nicht nur einmal hat sie vor feindlichen Überfällen gewarnt. »Oh Christus, König des Ruhmes, komm mit Frieden …« ist auf der drei Tonnen schweren Glocke zu entziffern. Wie damals üblich, auf lateinisch. Das Jahr 1445 ging als Jahr eines verheerenden Stadtbrandes in die Chroniken ein. Offenbar wurden damals auch große Teile des Klosters Opfer der Flammen, darunter unersetzbare Reliquien. Vieles musste repariert oder völlig neu gebaut

Klostergebäude

werden. Auch eine neue Glocke wurde gebraucht. Deshalb betrauten die Bürger einen ortsansässigen Gießer mit dem lukrativen Auftrag. Dass die Sage ausdrücklich die Bürger von Bergen erwähnt und nicht die Nonnen, muss nicht verwundern. Seit Mitte des 14. Jahrhunderts diente das Gotteshaus sowohl als Klosterkirche als auch als Stadtkirche. Schon 1193 hatten sich Benediktinerinnen – die später Zisterzienserinnen wurden – an diesem Ort niedergelassen. Unmittelbar gegenüber einer mächtigen Slawenburg. Wo sich heute auf dem Rugard der Ernst-Moritz-Arndt-Turm in den Himmel streckt, residierten anno dazumal die Landesherren von Rügen. Fürst Jaromir I. soll die frommen Frauen auf die Insel gerufen haben. Auf dass die Nonnen und ihre Helfer das Land urbar machten und vor allem seine Untertanen im christlichen Glauben unterwiesen.

Der erwähnte Glockengießer war unbestritten ein Meister seines Fachs. Doch mit zunehmendem Alter unterliefen ihm immer wieder Fehler beim Guss. So auch diesmal. Mit sich und der Welt unzufrieden, versuchte er, auf ausgedehnten Streifzügen durch Gottes freie Natur darüber nachzudenken, worin die Ursachen seines Unglücks liegen könnten.

Die Abwesenheit des Meisters nutzte der Lehrjunge. Dieser Klaus Ewert hatte oft seinem Dienstherrn beim Gießen geholfen, so dass er sich jetzt allein an das Werk wagte. Der Guss gelang. Voller Stolz berichtete er dem Meister bei dessen Rückkehr vom Erfolg.

Doch statt Lob bekam er lediglich Schelte zu hören. Immer mehr in Wut geriet der Meister. Am Ende riss der jähzornige Gießer seinen Dolch aus der Scheide und erstach den Jungen. Im Schutze der Nacht verscharrte er die Leiche unmittelbar neben der Werkstatt. Über das Grab wälzte der Mörder einen riesigen Stein. Den Nachbarn redete er ein, der undankbare Junge habe Bergen verlassen und sei in die große weite Welt gezogen.

Die neue Glocke hatte einen wunderschönen Klang. Doch als die Beauftragten der Stadt die Neuerwerbung in Augenschein nahmen, erwartete sie eine grausame Überraschung. Die Glocke sang ein Lied, das ihnen den kalten Schweiß über den Rücken laufen ließ:

Ein Graus! Ermordet ist mein Schöpfer Klaus!
Lehrjung Klaus liegt verscharrt am Haus.
Am Haus des Meisters, oh welch ein Graus!

Da half dem Mörder kein Leugnen. Die Leiche wurde gesucht und gefunden. Dem Glockengießer blieb nichts anderes übrig, als reumütig die Bluttat zu gestehen. Alles Bitten und Betteln rettete ihn nicht. Der jähzornige Meister wurde schuldig gesprochen. Am Ende waltete der Henker seines Amtes.

Die Marienkirche von Bergen gilt als eines der ältesten, ja vielleicht sogar als das älteste Gebäude der Insel Rügen. Nur das Gotteshaus in Altenkirchen stammt aus der gleichen Zeit. Im Westgiebel von St. Marien ist ein Grabmal der besonderen Art zu sehen. Wenn es stimmt, was sich da überliefert hat, zeigt es den Klostergründer Jaromir I. Ein ähnlicher Stein in Altenkirchen ist seinem Bruder Tezlav gewidmet.

Der aber trägt ein Trinkhorn. Einer Legende nach trug Jaromir auf dem Grabmal früher auch ein solches. Übereifrige Christen sollen es später herausgebrochen haben, denn es würde auf Kulte aus heidnischer Zeit hinweisen. Doch der Stein könnte auch einem unbekannten slawischen Priester gewidmet sein.

Und noch etwas sollte man sich nicht entgehen lassen – das Grab von Äbtissin Elisabeth. Elisabeth war eine pommersche Prinzessin. Sie starb 1473. Zu einer Zeit, als das Kloster in seiner größten Blüte stand. Von Elisabeth stammen nachdenklich machende Worte: Mein Bruder Herzog Bogislav hätte mich besser mit dem ärmsten Ritter vermählen sollen, als mich in Bergen lebendig zu begraben!

Das Geständnis des hinkenden Mönchs

Berlin

Nicht nur eine kleine Portion Glück gehört dazu. Es braucht sogar recht viel davon. Und auf den richtigen Tag kommt es an. Einfach um Mitternacht die Berliner Klosterstraße entlangbummeln reicht offenbar nicht aus. Außerdem ist es nicht jedem gegeben, dieses unheimliche Klagen zu hören. Durch Mark und Seele aber geht es dem, der das Gestöhn vernimmt. Je näher man der Franziskaner-Kirche kommt, desto lauter wird das Klagen. Korrekterweise muss man dabei allerdings von der »einstigen« Franziskaner-Kirche sprechen. Das Gotteshaus hat sich lediglich als Ruine in die Gegenwart retten können. Von den anderen Kloster-Gebäuden ist nichts mehr zu sehen.

Wer da so laut stöhnt, soll Pater Roderich sein. Ein rachsüchtiger Bettelmönch, der auch lange nach dem Tode seinen inneren Frieden nicht finden kann.

Die ganze Geschichte muss sich, so will es jedenfalls eine Sage wissen, in der ersten Hälfte des 14. Jahrhunderts zugetragen haben. Demnach gehörte dieser Pater Roderich um 1340 dem Franziskaner-Orden an. Bei den Berlinern bekannt war er als »der hinkende Mönch vom Grauen Kloster«. Der Name Graues Kloster geht auf die Farbe der Kutten zurück, die die Franziskaner trugen.

Der Mönch stammte aus der Saale-Gegend. Als Sohn einer adligen Familie fühlte er sich Schwert und Laute gleichermaßen verpflichtet. Also dem Kriegsdienst und dem Minnesang. Ritter Roderich von Bruno galt als liebenswert und gutherzig. Der junge Mann lebte noch in seiner Heimat, als er sich eines Nachts in einen fremden Burghof

Ruine der Franziskaner-Kirche

schlich. Dreimal ahmte er den Ruf einer Eule nach, dann wurde ihm ein Seil herabgelassen. Er kletterte daran in die Höhe und stieg in ein offenes Fenster ein. Bei einem Rundgang bemerkte der Burgvogt das Tau, das zum Gemach seiner Tochter führte. Nicht zu Unrecht vermutete er einen Liebhaber bei ihr. Er zog so kräftig an dem Seil, dass es kurz unterhalb des Fensters riss. Nun eilte der wütende Vater die Treppen hinauf, um den Eindringling dingfest zu machen. Doch Ritter von Bruno ergriff die Flucht. Als er sich abseilen wollte, stürzte er in die Tiefe und brach sich ein Bein. Mühsam und auf allen Vieren konnte er entkommen. Ein wartender Freund rettete ihn vor der Rache des Vaters. Doch der Bruch sollte nie mehr heilen. Er bedeutete das Aus für Kriegsdienste und Minnesang. Nur noch mit großer Mühe konnte er sich bewegen, und überall machte man sich über den hinkenden Ritter lustig. Also verließ er seine Heimat und trat als Mönch in das Berliner Franziskanerkloster ein.

Einige Monate nach dem tragischen Sturz brachte die Tochter des Burgvogts einen Jungen zur Welt. Heimlich, weil damals ein Kind ohne Vater als Schande galt. Der Knabe erhielt den Namen Bernhard. Er wurde einer Bäuerin aus einem benachbarten Dorf zur Pflege übergeben.

Bald musste die unglückliche Mutter auf Drängen ihres Vaters heiraten. Die Ehe blieb kinderlos. Nach einigen Jahren schlug die Frau vor, ein fremdes Kind anzunehmen. Der Mann stimmte zu, und so kam ein Junge in die Burg.

Doch das Leben ist voller Überraschungen. Eines Tages wurde die Burgherrin doch noch einmal schwanger. Diesmal gebar sie ein Mädchen, Luise. Gemeinsam wuchsen die beiden Kinder auf. Als Bernhard das entsprechende Alter erreicht hatte, überraschte er die Eltern mit der Ankündigung, seine Stiefschwester heiraten zu wollen. Die Mutter wandte sich unerwartet energisch gegen alle Hochzeitspläne. Sie habe

Bernhard der Kirche versprochen. Priester solle er werden. Jetzt sei der geeignete Zeitpunkt, in ein Kloster einzutreten. Alles Reden und Bitten half nichts. Der junge Mann wurde in das Franziskaner-Kloster nach Berlin gebracht und begann dort seine Probezeit als Novize. Wer nun gedacht hatte, durch die Klostermauern wäre die Liebe erloschen, der wurde eines Besseren belehrt. Die Liebenden schmiedeten einen Fluchtplan, der bei passender Gelegenheit in die Tat umgesetzt werden sollte. Doch das Schicksal nahm einen ganz anderen Verlauf.

Bernhards Pflegemutter hatte inzwischen das Zeitliche gesegnet. Nun wähnte er sich frei von der drohenden Priester-Bürde. Als Luise nach Berlin kam, machte sie jedoch alle Fluchtabsichten und alle Hoffnungen auf ein gemeinsames Leben zunichte. Die sterbende Mutter, so ließ Luise Bernhard bei einem nächtlichen Gespräch an der Klosterpforte wissen, habe auf dem Totenbett dem Vater das Versprechen abgenommen, eine Ehe nie und nimmer zuzulassen. Niemals dürfe er seinen Segen zu der Verbindung erteilen.

Wohl mehr aus Zufall hatte jemand das Gespräch zwischen den Liebenden belauscht – der hinkende Mönch. Aus dem einst lebenslustigen Mann war im Laufe der Jahre ein heimtückischer und rachsüchtiger Bettelmönch geworden. Und was Bernhard betraf, so sollte nach Roderichs Vorstellungen dem Jüngling das große Liebesglück verwehrt bleiben. Genau wie damals ihm, als der Sturz seinen Wünschen und Hoffnungen ein jähes Ende bereitet hatte.

Doch Roderich trug noch weitaus mehr Schuld mit sich. Er hatte zwei Verbrecher für einen Mord an einem Franziskaner-Mönch bezahlt. Damals herrschte zwischen den Tempelrittern und den Bettelmönchen ernsthafter Streit. Wie zu erwarten, fiel der Mordverdacht auf die Templer. Mehrere Männer aus dem Ritterorden wurden verhaftet und zum Tode verurteilt.

Und wie Mönch Roderich wurde nun Bernhard Ohrenzeuge eines

aufschlussreichen Gespräches. Einer der Mörder des Franziskaners erklärte dem Hinkenden, er wolle sich vor Gericht zu der Tat bekennen. Aus Gewissensgründen. Auch dass ihn der Hinkefuß zu der Bluttat angestiftet habe, wolle er gestehen.

Etwa zur gleichen Zeit erhielt der Novize Bernhard einen Brief von Luise. Der Vater habe ihr gebeichtet, dass sie Kinder ein und derselben Frau wären. Über Bernhards Vater, einen Ritter von Bruno, wisse man nur, dass er sich in ein Kloster zurückgezogen habe. Bernhard traf die Eröffnung wie ein Donnerschlag. Er traf eine folgenschwere Entscheidung. Aus dem Novizen wurde ein Mönch. Eine Rückkehr in ein weltliches Leben würde es für ihn nie mehr geben.

In der Nacht vor der Hinrichtung der Templer feierte man im Grauen Kloster ein großes Freudenfest. Nur der gerade neu aufgenommene Mönch Bernhard fehlte. Der Hinkende begab sich also zu dessen Zelle und forderte ihn auf, mitzufeiern. Wenn Feinde des Ordens ihre nur allzu gerechte Strafe erhielten, wäre das wahrlich Grund genug zum Feiern. Ob er denn nicht auch wolle, dass die Mörder hingerichtet würden? Bernhard sah Roderich fest in die Augen und entgegnete, dass wohl ganz andere den Gemeuchelten auf dem Gewissen hätten. Der Hinkende verließ ohne Reaktion die Zelle seines Mitbruders. Kurz danach wurde der junge Mönch festgenommen und in einen modrigen Keller eingesperrt.

Was weiter geschah, verschweigt die Sage. Die Tempelritter wurden jedenfalls öffentlich hingerichtet. Erst danach erleichterte einer der Täter sein Gewissen und gestand die Wahrheit. Die aufgebrachte Volksmenge stürmte in das Kloster und suchte nach dem Anstifter der Bluttat. Der hinkende Mönch aber war in Bernhards Zelle geflohen. Dort entdeckte er Luises Brief. Und dass er Bernhards leiblicher Vater war. Mit dem Ruf »Mein Sohn, mein Sohn!« stieg er in den dunklen Kerker hinab.

Im Keller wurde er dann auch gefunden. Weinend und klagend neben dem leblosen Sohn. Man schleppte Roderich ans Tageslicht. Dort legte er ein Geständnis ab. Ohne einen Richterspruch und ohne Chance auf Verteidigung wurde der hinkende Mönch in aller Öffentlichkeit erschlagen. Seitdem soll man von Zeit zu Zeit ein Stöhnen in der Nähe des einstigen Klosters vernehmen können. Das hörte auch nicht auf, als das Kloster aufgelöst wurde. Selbst dann nicht, als bis auf die Kirchenruine alle Gebäude verschwunden waren.

Die Geschichte mit den hingerichteten Tempelrittern könnte durchaus einen historischen Hintergrund haben. Als nämlich ihr Orden vom Vatikan verboten wurde, starben nicht wenige seiner prominenten Mitglieder auf dem Schafott oder wurden lebendigen Leibes auf dem Scheiterhaufen verbrannt.

Susanna oder Katharina

Boitzenburg

Früher hat man sie öfter gesehen – unter der Susannen-Eiche von Boitzenburg, in hellen Vollmond-Nächten, nicht weit entfernt vom einstigen Kloster der Zisterzienserinnen. Glaubt man einer alten Legende, dann ist es die letzte Äbtissin, die auch nach ihrem Tod keine Ruhe finden kann. Unter dem mächtigen Baum soll man sie begraben haben. Mit dem Stöhnen und Jammern zu nächtlicher Stunde klagt die in Weiß gekleidete Frau über das Ende des Klosters. Wer diesen unheimlichen Singsang einmal gehört hat, wird das Klagelied nie wieder vergessen. Und das Schicksal der Boitzenburger Nonnen wird ihm noch lange im Gedächtnis bleiben. Dass Susanna eine Sünderin vor dem Herrn war, ist nicht bekannt. Vielmehr soll sie die Forderung des Heiligen Benedikt »ora et labora« – bete und arbeite – recht ernst genommen haben. Die mitternächtliche Herumgeisterei hatte wohl auch nichts mit einer Buße oder einem Fluch zu tun, die man der unglückseligen Äbtissin eventuell auferlegt hatte. Eine makellose Frau – sieht man von ihrem Widerstand gegen die Obrigkeit ab. Gegen die weltliche Obrigkeit lehnte sie sich auf, nicht gegen ihren Orden.

Die Kurmark wurde damals von Joachim II. regiert. Der Landesvater hatte nach der Auflösung des Klosters den Herren auf Schloss Boitzenburg den Besitz der Nonnen übereignet. Die neuen Besitzer, das Geschlecht derer von Arnim, mussten nun die verbliebenen Nonnen standesgemäß versorgen. Eine Verpflichtung, die der Familie offenbar bald recht lästig wurde. Deshalb wurde gespart, wo es nur ging. Äbtissin Susanna wollte sich damit nicht abfinden und klagte vor Ge-

Klosterruine Boitzenburg

richt die Versorgungsansprüche der Nonnen ein. Zwar entschieden die Richter zu ihren Gunsten, doch das konnte das Aus und den späteren Verfall des Klosters nicht aufhalten. Heute erinnern nur noch Teile der gotischen Backstein-Kirche und die Ruinen des Konventhauses an die Abtei.

Die »exakte« Geschichtsschreibung wird die Vorgänge um Susanna jedoch nicht einfach so im Raum stehen lassen. Die letzte Äbtissin hieß nämlich in Wirklichkeit Katharina. Eine Susanna ist im Kloster-Register der betreffenden Jahre nicht zu finden. Doch ob Susanna oder Katharina – romantisch-schön ist das allemal. Genauso wie die Überlieferung von einem braven Handwerksmeister, der durch den Schatz in der verfallenen Klosterruine sein Glück machte. Die Geschichte erinnert sehr an ähnliche Vorfälle im Kloster Chorin. Inzwischen ist das alles eine ganze Weile her, aber noch immer beschäftigen verstecktes Gold, Silber und Edelsteine die Phantasie mancher Boitzenburger.

Wie in Chorin war es auch in Boitzenburg ein Böttcher, der sich aus dem Schatz der Zisterzienser bedienen durfte. Also von jenem Gold und Silber etwas abbekam, das irgendwo in unterirdischen Gewölben versteckt sein soll. Denn das Boitzenburger Kloster ist, so wird jedenfalls behauptet, durch lange Gänge mit der Stadtkirche und dem Arnim-Schloss verbunden. Eine Weile muss es schon her sein, als eines Nachts der Böttchermeister eine übernatürliche Erscheinung hatte. Eine geheimnisvolle Stimme forderte ihn auf, sich zur Klosterruine zu begeben. Sein Werkzeug müsse er mitnehmen. Es gebe dort für ihn zu tun. Und am Ende warte ein ansehnlicher Lohn auf ihn. Trotz seiner Angst gab der Meister dem Verlangen nach. Auf unerklärliche Weise gelangte er in einen unterirdischen Gang und dann in ein riesiges Gewölbe. Schemenhaft bewegten sich tief verschleierte Nonnen. Jetzt befahl die geheimnisvolle Stimme, die Fässer auszubessern, die den Raum füllten. Es waren hölzerne Tonnen voller Gold und Silber. Der Zahn der Zeit hatte an ihnen genagt. Bald würden sie dem Druck der Münzen und Barren nicht mehr widerstehen. Kaum hatte der Böttcher jedoch den ersten Handschlag getan, steigerte sich seine Furcht ins Bodenlose. Hammer und Meißel fielen ihm aus den zitternden Händen. Alles Werkzeug ließ er stehen und liegen und stürmte in einen der Gänge. In der Hoffnung, dem unheimlichen Orte entfliehen zu können. Das gelang ihm sogar. Er fand tatsächlich den Ausgang und kehrte unbeschadet in sein Haus zurück.

In der nächsten Nacht vernahm der Böttcher wieder die unheimliche Stimme. Der erschrockene Mann zog sich die Decke über den Kopf und nahm sich fest vor, sein Bett nicht zu verlassen. Was auch immer geschehen würde. Doch der Unsichtbare hatte lediglich das Werkzeug zurückgebracht. Man habe sich damit selbst behelfen können, ließ er den Böttcher wissen. Zum Dank ließ er einen Stapel Geldstücke an der Haustür zurück. Der Böttcher galt von nun an als wohlhabender Mann.

Das Auf und Ab der Zeitläufe hat im Grunde nur die Klostermühle überdauert. Seit 1271 wird hier Getreide gemahlen. In der Nähe der Wassermühle soll lange Zeit die Hexe Frick ihr Unwesen getrieben haben. Die Frick ist die norddeutsche Variante von Frau Holle. Nicht die liebe, gute Frau aus dem Grimm-Märchen, sondern die Gestalt aus der altgermanischen Sagenwelt. In stürmischen Nächten war die völlig unberechenbare Dame unterwegs. Mit einem Wagen, der von feuerspeienden Hunden gezogen wurde. Und wehe, wem sie begegnete! Am besten kennt sich im Sagen-Geflecht rund um die Klostermühle von Boitzenburg der Müller aus. Wenn er von der Frick oder vom Mühlen-Kobold erzählt, werden für kleine und große Besucher die Grenzen zwischen Vergangenheit und Zukunft fließend.

Die Wächter des Klosterschatzes

Chorin

Lange wollte man es einfach nicht glauben. Das Kloster Chorin hatte ausgedient. 300 Jahre lang war diese Abtei nördlich von Eberswalde so etwas wie der Mittelpunkt des geistlichen Lebens im Barnim gewesen. Gewiss, geliebt haben wird die Bevölkerung das Kloster nie. Mehr Respekt als Vertrauen brachten die Menschen aus der näheren und weiteren Umgebung den Zisterziensern entgegen. Die Mönche in den weißen Kutten und den schwarzen Schürzen hatten ihrerseits wohl auch kein Mitleid mit den Bauernfamilien, wenn Abgaben einzutreiben waren. Nicht immer ging das gewaltlos ab. Nun aber hatten sich die Ideen des Martin Luther auch in der Mark Brandenburg durchgesetzt. 1543 ordnete Joachim II. die Auflösung von Kloster Chorin an. Aus dem Zisterzienser-Kloster wurde eine kurfürstliche Domäne. Eine Art Versorgungsbetrieb für die kurfürstliche Familie.

Noch einige Jahre wohnten die letzten Mönche gemeinsam mit ihrem Abt Brixius hinter den Klostermauern. Als dann auch der letzte von ihnen das Klosterareal verlassen hatte, fragte man sich in den umliegenden Orten, was eigentlich mit dem Kirchenschatz geschehen war. Wohin waren Gold und Silber der frommen Brüder gelangt? Die Erklärung lag auf der Hand: Große Mengen edlen Metalls lagerten in unterirdischen Gewölben! So erzählte man sich damals in den Barnim-Dörfern zwischen Eberswalde und Angermünde von Generation zu Generation. Oder es befand sich in einem unterirdischen Gang, der von Chorin aus zum Nonnenkloster nach Angermünde führte. Diesen Geheimgang hatte man angeblich gebaut, damit Ordensbrüder und

Choriner Klostergiebel

Ordensschwestern nicht auf Liebesfreuden verzichten mussten. Sieben Baumeister sollten daran beteiligt gewesen sein. Viele Jahre, so die Legende weiter, habe es gedauert, um den »Gang der Lüste« fertigzustellen. Das wäre allerdings eine ingenieurtechnische Leistung gewesen, die die Möglichkeiten des Mittelalters bei Weitem überstiegen hätte.

An die gewaltigen Schätze unter der Klosterkirche war einfach kein Herankommen. Außerdem wurden Gold und Silber streng von den »Ünnerirdschen« bewacht, den Unterirdischen. Diese Zwerge hatte zwar niemand wirklich gesehen, doch immer wieder war man auf ihre Spuren gestoßen. Nun aber stand eines Nachts ein solcher Unterirdischer vor dem Haus des Choriner Böttchers. Ganz in Grau gekleidet, mit einem dreieckigen Hut auf dem Kopf. Energisch forderte er den Meister auf, sein Werkzeug zusammenzupacken und zur Klosterruine mitzukommen. Eine Aufforderung, die jeden Widerspruch schon im Ansatz erstickte. Obwohl dem Handwerker alles andere als wohl zumute war, ihm der Angstschweiß über Stirn und Rücken lief, machte er sich auf den Weg. Der Kleine verband ihm die Augen und führte ihn eine steile Stiege hinab in einen Keller. Dann einen langen Gang entlang. In einem geräumigen Saal wurde ihm die Augenbinde wieder abgenommen. Zwölf riesige Tonnen aus Holz standen an den Wänden, allesamt gefüllt mit Gold und Silber. Der Zwerg wies den Böttcher an, die Reifen an den Fässern zu wechseln. Im Laufe der Jahre hatte sich Rost durch die Eisen gefressen. Die ganze Nacht machte sich der Meister zu schaffen. Als er mit der Arbeit fertig war, gestattete ihm der Zwerg, aus jedem der Fässer so viel Gold mitzunehmen, wie er tragen konnte. Das ließ sich der Böttcher nicht zweimal sagen. Als er dann wieder im Klosterhof stand, bewiesen ihm seine prall gefüllten Taschen, dass das Erlebte kein Traum war.

Noch einmal sorgte der legendäre Klosterschatz für Aufregung – im Dreißigjährigen Krieg. Der Bärenwirt und seine Tochter hatten damals, so ist jedenfalls überliefert, einen schwedischen Fahnenflüchtling versteckt. Der junge Mann hielt sich meist in den unterirdischen Gewölben verborgen. Er hoffte, so die Kriegswirren zu überstehen. Da tauchte in Chorin unverhofft ein Mönch auf. Der Mann gab vor, den Zugang zum Schatz der Zisterzienser zu kennen. Gemeinsam mit einem kaiserlichen Offizier machte er sich auf die Suche. Der Wirt und sein Töchterlein aber eilten zur Ruine, um den entflohenen Soldaten vor dem unerwünschten Besuch zu warnen. Tatsächlich fand der Mönch eine Luke zum Keller. Beim Abstieg in die Tiefe kam den beiden Schatzsuchern eine weiße Frauengestalt entgegen. Voller Entsetzen machten sie kehrt. Dem Offizier gelang schwer verletzt die Flucht. Der Wirt und seine Tochter, der Schwede und der Mönch wurden nie wieder gesehen. Die Weiße Frau könnte die »Utgebersche« gewesen sein. Die »Ausgeberin«, wie sie genannt wurde, galt ebenfalls als Schatz-Hüterin. Die verwunschene Dame geisterte lange Zeit in Vollmond-Nächten durch die Ruinen. Ihre »Markenzeichen« waren ein riesiger Schlüsselbund und gelbe Pantoffeln. Nachdem einmal ein nächtlicher Besucher beim Anblick des ungewöhnlichen Schuhwerks im besten Barnim-Platt amüsiert ausstieß: »Kiek, die het ja gele Tüffeln an«, ist die übernatürliche Erscheinung nicht mehr aufgetaucht.

Gleich neben dem Kloster befindet sich der Mariensee. Auch mit dem hat es eine ganz besondere Bewandtnis. Obwohl viele Frösche das Gewässer bevölkern, ist nie irgendein Gequake zu hören. Es heißt, die kleinen Ruhestörer seien verwünscht worden. Mit ihnen das gesamte Kloster. Auf den Fröschen liege der Fluch, bis in alle Ewigkeit zu schweigen. Das stimme so nicht, melden andere Sagen-Sammler energischen Widerspruch an. Die Zisterzienser hätten sich damals bei ihren Gebeten vom Lärm der Frösche gestört gefühlt. Als die Mönche nicht mehr ein noch aus wussten, sollen sie sich mit der Bitte um Hilfe direkt an den Himmel gewandt haben. Der liebe Gott zeigte offenbar Verständnis für die Nöte der frommen Brüder und reagierte sofort. Er gebot den Fröschen zu schweigen. Von Stund an herrscht am Mariensee eine rätselhafte Stille.

Der Durst des Kellermeisters

Dahme

Das hatten die rechtschaffenen Bürger von Dahme schon immer geahnt. Unter dem Fläming-Städtchen zog sich ein unterirdischer Gang entlang. Wahrscheinlich zur einstigen Klosterkirche hin. Ob tatsächlich von der Burg aus, dem späteren Schloss der Herzöge von Sachsen-Weißenfels, kann heute niemand mehr mit Sicherheit sagen. Einstieg und Ausstieg sind seit Langem verschüttet. Doch man fühlte sich bestätigt, wenn beim abendlichen Umtrunk in den Gasthöfen auswärtige Fuhrleute behaupteten, man höre ganz deutlich Hohlräume, wenn die schweren Pferdewagen durch die Straßen rumpelten.

Eine Edelfrau, die vor langer Zeit auf der Burg residierte, soll den Gang angelegt haben.

Nicht, um sich eine Liebesnacht mit einem Mönch zu gönnen, sondern um Gold und Silber vor Missbrauch zur retten.

Die besagte Dame wurde in der Blüte ihrer Jahre schwer krank. Als sie dem Tod recht nahe war, wandte sie sich an den Himmel. Sie gelobte, all ihr Gold und Silber dem Karmeliter-Kloster in Dahme zu vermachen, wenn sie gesunde. Wahrscheinlich wurde ihr Bitten erhört. Bald konnte die Frau das Krankenlager verlassen. Und sie hielt Wort. Goldschmuck und Tafelsilber wurden eingeschmolzen.

Goldschmiede gossen daraus 13 Figuren. Aus reinem Gold entstand eine Jesus-Darstellung. Aus Silber waren die zwölf Apostel. Die Kunstschätze fanden einen Platz in der Klosterkirche.

Eben zu dieser Zeit unternahm der Abt eine Wallfahrt in die Heilige Stadt am Tiber. In Rom angekommen, hatte er nichts Eiligeres zu tun, als mit dem Reichtum seines Klosters anzugeben. Das war offenbar dem Heiligen Stuhl zuviel. Was hatten solche Schätze in einem kleinen Kloster am Rande der christlichen Zivilisation zu suchen? Nirgendwo anders als im Vatikan durften diese Kunstwerke aufbewahrt werden. Um die Sache dem wallfahrenden Abt schmackhaft zu machen, schlug man ihm einen Kuhhandel vor. Man werde ihn zum Bischof erheben, im Gegenzug solle er für die Überführung des Schatzes nach Rom sorgen.

Der Geistliche ging auf den Vorschlag ein. Zurückgekehrt nach Dahme, grübelte er Tag und Nacht darüber nach, wie er ohne größeres Aufsehen den Transport in die päpstliche Residenz auf den Weg bringen könnte.

Eben zu dieser Zeit hatte die Stifterin der Figuren aus edlem Metall einen seltsamen Traum. Vor der Stadt traf sie Jesus Christus und seine zwölf Jünger. Angeführt wurde die Gruppe vom Abt des Dahmener Karmeliter-Klosters. Nach Rom sei man unterwegs, antwortete man ihr auf die Frage nach dem Wohin. Der Frau schwante nichts Gutes. Seit Langem hegte sie tiefes Misstrauen gegenüber dem Abt. Auf jeden Fall war Vorsicht geboten. Sie beschloss, die Figuren an einen geheimen Ort in Sicherheit bringen zu lassen und dort so lange zu verwahren, bis der geschäftstüchtige Abt das Zeitliche gesegnet hatte. Aber es war unmöglich, sich auf unkomplizierte Weise in den Besitz der Figuren zu bringen. Zu hoch waren die Klostermauern, das Tor fest verschlossen. Also musste ein geheimer Gang gegraben werden, um der Schätze habhaft zu werden. Beinahe wäre der Plan auch aufgegangen. Die Figuren hatte man schon in den Gang geschleppt. Da bemerkte der Abt den Raub. Als Freund schneller Entschlüsse setzte er alles auf eine Karte, um doch noch zu Bischofshut und Bischofsstab zu kommen. Er ließ die Stadttore öffnen. Das Unglück nahm seinen Lauf. Seit Tagen hatten nämlich fremde Kriegsknechte die Stadt belagert.

Nun konnten sie ungehindert in Dahme eindringen. Eine unbarmherzige Plünderung begann. Es floss Blut. Viele Wohnhäuser wurden niedergebrannt. Auch Burg und Kloster. Der Geheimgang brach in sich zusammen. Beide Eingänge wurden verschüttet. Die Edelfrau und ihre Begleiter kamen ums Leben. Die 13 Figuren aus Gold und Silber aber blieben verschwunden. Bis auf den heutigen Tag. Einen gewaltigen Stadtbrand hat es tatsächlich gegeben. Anno 1563.

Später vermachte ein Fürst aus dem Hause Sachsen-Weißenfels die Klosterruine der Stadt. Mit der Auflage, dort ein Hospital einzurichten. Allerdings sollte es fast 200 Jahre dauern, bis Arme und Kranke in das Gebäude einziehen konnten. Der Name Hospitalkirche erinnert an diese Zeiten.

Von einem anderen Mönch wurde noch lange später voller Respekt gesprochen. Sein Name ist unbekannt. Als der »trinkfeste Mönch« hat er ein bemerkenswertes Kapitel Klostergeschichte geschrieben.

Wieder war ein Abt Ausgangspunkt der Sage. Und wieder ging es um eine wertvolle Schmiedearbeit. Und zwar um einen riesigen Pokal aus edlem Metall. Das gute Stück hatte der Abt jede Woche vor Augen, wenn er sich im Schloss einfand. Dort traf sich der Geistliche nämlich mit dem Schlossherrn zu einer Partie Schach. Gern hätte der Abt den Pokal in den Räumen des Klosters gesehen. Aber da gab es ein ernstzunehmendes Hindernis. Die Karmeliter waren ein sogenannter Bettelmönch-Orden. Besitztümer galten ihnen als verpönt. Andererseits hatten die Kuttenträger am Ende noch immer einen Kompromiss gefunden, wenn es um Reichtum und Ansehen der Kirche ging.

Dem Edelmann war nicht entgangen, mit welcher Begierde der Abt jedes Mal den Pokal anstarrte.

Daraufhin entschloss sich der Schlossherr zu einem Spaß: »Ehrwürdiger Vater, ich sehe, dass Ihr meinen klitzekleinen Trinkbecher mit den Augen geradezu verschlingt. Er soll Euch gehören, wenn

Klosterkirche der Karmeliter in Dahme

Ihr eine Aufgabe zu meiner Zufriedenheit erfüllt. Mir ist zu Ohren gekommen, dass sich unter Euren Mitbrüdern ein Mönch befindet, dessen Trinkfestigkeit sprichwörtlich sein soll. Schafft es der Mann, diesen Krug in einem einzigen Zug zu leeren, dann gehört der Pokal Euch.«

Der Abt reagierte eher verlegen. Das stimme. Leider. Ihrem Bruder Kellermeister könne auch das größte Quantum Alkohol nichts anhaben, entgegnete er. Sein tägliches Probieren und Abschmecken habe ihn wahrscheinlich völlig unempfindlich gegen die Wirkung von Wein, Bier und Klosterschnaps gemacht. Aber einen solchen Riesenkelch in einem Zug zu leeren, das könnte auch ihn überfordern.

»Genug geschwätzt«, unterbrach der Schlossherr die Erklärungen des Abtes. »Man hole den Mann aufs Schloss.« Wie ihm befohlen, begab sich der Kellermeister zu den beiden Schachspielern. Der Schlossherr erklärte ihm die Aufgabe. Er werde es versuchen, antwortete der Mönch. Kein leichtes Unterfangen sei das, deshalb eine Bitte. Bevor er loslegen könne, wolle er sich mit dem leeren Pokal in die Küche zurückziehen. Diesen Wunsch schlug ihm der Edelmann nicht ab.

Gesagt, getan! Nach einiger Zeit kam der Mönch zurück und erklärte sich zu dem Experiment bereit. Das Unmögliche gelang. Ohne den Riesenkelch abzusetzen, ließ der Kellermeister den Wein in sich hineinlaufen. Bis auf den letzten Tropfen. Die Aufgabe war erfüllt. Der Schlossbesitzer konnte mit seinem Respekt nicht länger hinterm Berge halten. »Gratulation, der Pokal gehört jetzt dem Kloster. Aber sagt mir, was habt Ihr zuvor in der Küche getrieben?«

»Nichts von Bedeutung, hoher Herr. Euer Mundschenk hat mir einfach schon einmal vorher den Pokal mit Wein gefüllt. Ich musste doch wissen, ob ich einer solchen Aufgabe tatsächlich gewachsen bin. Es hat geklappt. Also konnte ich mich mit gutem Gewissen und vor allem mit Gottes Hilfe auf dieses Wagnis einlassen.«

So waren die Karmeliter-Mönche von Dahme. Jedenfalls in der Sagenwelt. Dass sie auch mal von den strengen Klosterregeln abwichen und nicht nur einsame Gebete in abgeschlossenen Klosterzellen und ungeheizten Kirchen im Kopf hatten, macht die Kuttenträger ein ganzes Stück menschlicher.

Der Spuk des toten Küchenmeisters

Dargun

Das Amt des Küchenmeisters eines Zisterzienser-Klosters war nicht irgendeines der Ämter. Nach dem des Abtes und des Priors stand es mancherorts auf Platz 3 in der Rangordnung. Der Bruder Küchenmeister war zuständig für die Klosterküche samt Köchen und Küchenjungen. Er hatte rundum die Versorgung zu gewährleisten. Nicht nur die Mönche und Laienbrüder musste er verköstigen, sondern auch Gäste von außerhalb sowie Kranke und Alte in den angegliederten Siechenhäusern und Hospitälern. Sorgsam gab er auf alle Küchengeräte acht, vom kleinen Holzlöffel bis zum größten Kupferkessel. Deshalb prüften die Mönche recht genau, wem sie das Amt und damit die Verantwortung für Leib und Magen übertrugen.

Im Kloster Dargun, nicht weit entfernt von Demmin, muss da jedoch einiges schiefgelaufen sein. Der Küchenmeister Bruder Kophamel war nämlich einer, den man volkstümlich einen Schweinehund nennt. Kein Tag verging, ohne dass er seine Untergebenen schikanierte. Viele der Abgaben, die für das Kloster bestimmt waren, wanderten in seine eigenen Taschen. Davon waren jedenfalls das Volk in der Umgebung und wohl auch seine Mitbrüder überzeugt. Aber wo sollte ein Zisterzienser-Mönch, dem die Ordensregeln Besitzlosigkeit vorschrieben, seinen Reichtum horten? Er hätte ihn seinen Verwandten zukommen lassen können. Oder damit eine Geliebte aushalten. Wie es dieser Kophamel handhabte, ist leider unbekannt. Man war nicht besonders traurig, als der verhasste Küchenmeister das Zeitliche segnete. Der Tote wurde in der Klostergruft unter der Kirche bestattet.

Schloss- und Klosterruine in Dargun

Doch dort fand er keine Ruhe. Nacht für Nacht entstieg er dem Sarg und geisterte durch den Küchenflügel. Er drehte die Zapfhähne der Bierfässer auf, warf das Geschirr aus den Regalen, zerbrach die hölzernen Kochlöffel oder machte Messer und Bratspieße unbrauchbar. Als die Mönche all ihren Mut zusammennahmen und den Sarg des nächtlichen Plagegeistes öffneten, erlebten sie eine Überraschung. Dieser Kophamel lag da mit geöffneten Augen und offenem Mund. Nichts war mit einem sanften Schlaf bis in alle Ewigkeit. Drei Tage habe dann der Sarg offen gestanden, erzählt die Sage. Damit sich alle von der Strafe für Geiz und Bosheit überzeugen konnten. Dann erst brachten die Mönche den Leichnam aus dem Klosterbezirk fort. Auf einer kleinen Anhöhe in der Nähe haben ihn seine einstigen Mitbrüder in ungeweihter Erde begraben. Von da an hörte der nächtliche Spuk auf.

Dieses Dargun gehört zu den ältesten Klöstern im deutschen Norden. Gegründet um 1172 – in unmittelbarer Nachbarschaft oder vielleicht sogar auf den Überresten einer slawischen Burg. Mal gehörte es zu Pommern, mal zu Mecklenburg. Ein unruhiges Fleckchen Erde war dieser Landstrich allemal. Kein Wunder, dass der erste Anlauf einer Klostergründung scheiterte. Aus Angst vor den Kriegswirren verließen die Zisterzienser kurz vor Ende des 12. Jahrhunderts den Ort, um in der Nähe von Greifswald das Kloster Eldena zu errichten. 1209 kamen die Mönche nach Dargun zurück – diesmal von Doberan aus. Eine steinerne Kirche als Mittelpunkt der Abtei wurde erbaut. Immer wieder wurde in den folgenden Jahrhunderten das Gotteshaus vergrößert und dem Zeitgeschmack angepasst. Auch nach der Reformation, als der gesamte Klosterkomplex an die Landesfürsten fiel und diese ihn zu einem Schloss ausbauen ließen.

Schloss- und Klosterruine in Dargun

Seit Menschengedenken gehörte es zu den Aufgaben der Mönche von Dargun, den Sterbenden in den umliegenden Dörfern die letzte Beichte abzunehmen. Einmal müssen das die Kuttenträger nicht ernstgenommen haben. Einer alten Überlieferung zufolge erschien in einer stürmischen Nacht ein Mann, der den Abt bat, ihm einen Mönch zur Seite zu geben. Sein schwer verunglückter Herr liege auf dem Totenbett und bitte um seelischen Beistand. Aber keiner der Ordensbrüder fand sich bereit, bei dem Unwetter die schützenden Klostermauern zu verlassen. Also musste der Mann unverrichteter Dinge wieder abziehen. Doch die Mönche plagte das schlechte Gewissen. Noch vor dem Morgengrauen machten sich zwei von ihnen auf zu dem Totenhaus. Sie kamen zu spät. Der Verunglückte hatte bereits seinen letzten Atemzug getan. Voller Selbstvorwürfe begaben sich die beiden auf den

Heimweg. Dabei machten sie eine unheimliche Entdeckung. Von nun an begleitete sie ständig eine unsichtbare Erscheinung – offenbar der Geist des Toten. Nicht nur auf dem Weg zurück ins Kloster, sondern auch später bei ihren Gebeten im Kreuzgang. Sogar im Refektorium, dem gemeinsamen Speisesaal. Aus Angst verließen die beiden Mönche tagelang ihre Zellen nicht. Damit war es freilich nicht getan. Als man sich zum Abendmahl versammelte – nach Tradition eine Zwölfer-Runde –, kniete eine 13. Person nieder, um ebenfalls eine geweihte Hostie zu empfangen. Obwohl das Gesicht nicht zu erkennen war, vermuteten die Mönche nicht zu Unrecht in ihr den Toten, den sie in dessen letzten Stunden allein gelassen hatten. Furcht und Schrecken befielen sie, denn die Erscheinung wurde zum ständigen Gast des Abendmahles.

Lange beriet man im Kloster, was zu tun sei. Schließlich war man sich einig. Ins Grab des Verstorbenen wurde eine geweihte Hostie herabgelassen, damit so dem Toten die ewige Seelenruhe beschieden war. Das bedeutete damals eine Gotteslästerung der allerschlimmsten Art und die Mönche mussten mit strengsten Strafen dafür rechnen. Erst einmal ging die Rechnung jedoch auf. Der Spuk gehörte von nun an der Vergangenheit an.

Das Herzeleid eines Minnesängers

Doberlug-Kirchhain (Dobrilugk)

Gleich hinter Doberlug-Kirchhain ist das Land Brandenburg zu Ende, und der Freistaat Sachsen beginnt. Das war früher anders. Vor tausend Jahren gab es keine politischen Grenzen wie heute. Schon deshalb erwies sich der Landstrich zwischen Elbe und Oder-Neiße als ein ständiger Zankapfel zwischen deutschen und slawischen Fürsten. Auch innerhalb Deutschlands stritt man erbittert um die Landeshoheit. Dabei war das riesige Gebiet nahezu unbesiedelt. Dichte Wälder und Sumpfniederungen zogen sich hin. Es gab nur einige wenige Straßen. An dem uralten Handelsweg von Torgau über Spremberg in Richtung Osten lag eine größere Lichtung – Dobraluh. »Gute Wiese« käme einer Übersetzung recht nahe. Dort jedenfalls vereinigten sich anno 1005 die Truppen Heinrichs von Bayern und Jaromirs von Böhmen mit dem Heer von König Heinrich II. Gemeinsam wollte man gegen den polnischen Herrscher Bołeslaw zu Felde ziehen.

Gut 150 Jahre später fanden sächsische Fürsten diesen Ort geeignet, hier ein Kloster zu errichten. Um 1185 sollen die ersten Zisterzienser eingetroffen sein. Keine ganz ungefährliche Angelegenheit, so ein Klosterbau. Die geistlichen Väter waren bei den slawischen Bauern und Fischern alles andere als beliebt. Viele von ihnen verehrten nach wie vor ihre vorchristlichen Götter und wollten von dem gekreuzigten Gottessohn nichts wissen. Noch weniger beliebt waren die Abgaben an das Kloster. Über die »Kinderjahre« der Abtei ist nur wenig bekannt. Und trotzdem gelangten die Mönche von Dobrilugk zu literarischer Unsterblichkeit.

Kein Geringerer als der Minnesänger Walther von der Vogelweide hat die Weltabgeschiedenheit und Schlichtheit des Klosters in einem Lied beklagt. Darin heißt es grob ins heutige Deutsch übertragen:

»Ich bin träge wie eine Sau;
mein glattes Haar ist mir grau geworden.
Süßer Sommer, wo bist du?
Ja, ich würde lieber Feldarbeit sehen.
Bevor ich länger in einer solchen Falle
eingeklemmt wäre, wie ich es jetzt bin,
würde ich Mönch in Dobrilugk.«

Die Zeilen stammen aus dem Winterhalbjahr 1210/1211, niedergeschrieben im sächsischen Meißen. Kälte und Schnee müssen damals die Burg über der Elbe besonders fest umklammert haben. Mit dem Lied wollte Walther sich offenbar den Frust von der Seele reden. Denn was Dobrilugk betraf, so bestand das Kloster zu dieser Zeit aus einem winzigen Feldsteinkirchlein und einigen wenigen Holzhäusern. Die romanische Kirche wurde jedenfalls erst 1228 der Heiligen Mutter Maria geweiht. An die heutige Albrechtsburg in Meißen war noch lange nicht zu denken. Es ist zu bezweifeln, dass der Minnesänger jemals das Kloster besucht hat. Vielmehr könnte die Abgeschiedenheit und Trostlosigkeit von Dobrilugk damals eine gängige Redensart gewesen sein. Irgendwann hat dann irgendwer aus der Textzeile herausgelesen, dass Walther von der Vogelweide tatsächlich Gast im Kloster war.

Von den bescheidenen Anfängen dauerte es gar nicht lange, bis sich Dobrilugk zu einem der reichsten Klöster im nördlichen Sachsen entwickelte. So reich, dass sich im 16. Jahrhundert sächsische Fürsten und der deutsche Kaiser um das Vorrecht stritten, das Kloster auflösen zu dürfen. Allerdings hatte sich bereits zu diesem Zeitpunkt Abt Balthasar mit dem größten Teil des Klosterschatzes aus dem Staube

Klosterkirche Doberlug-Kirchhain (Dobrilugk)

gemacht. Doch selbst ohne dieses Gold und Silber galt die Abtei als so vermögend, dass es beinahe zum Krieg zwischen beiden Parteien gekommen wäre.

In der Folgezeit gewannen die Sachsen-Fürsten immer mehr Freude an dem Anwesen. Nach dem Dreißigjährigen Krieg ließ Herzog Christian I. aus der Seitenlinie Sachsen-Merseburg das Renaissanceschloss errichten und die Stadt anlegen.

Es muss mindestens hundert Jahre später gewesen sein, als die einstige Klosterkirche erneut die Fantasie der Bürger in Aufregung versetzte. Es ging das Gerücht um, dass mehrmals im Jahr Freimaurer das Gotteshaus für ihre von Geheimnissen umwitterten Zusammenkünfte nutzen würden. Die Logenbrüder stellten dabei immer einen eisernen Sarg auf. Wer in den Bund aufgenommen werden wollte, musste darin eine Nacht verbringen. Die Aufnahme-Urkunde war mit Blut zu unterschreiben. Um nicht erkannt zu werden, nutzte man einen unterirdischen Gang, der vom Dorf Lindena aus ins einstige Kloster führte. Irgendwann soll dieser Weg den Freimaurern zu beschwerlich geworden sein. Sie wollten das Schloss kaufen, um künftig dort zusammenzukommen. Doch das verwehrte man ihnen. Und deshalb halten sie seit dieser Zeit ihre Treffen an anderer Stelle ab.

Abt oder Slawenfürst?

Eldena

Da hilft kein Drumherum-Reden. Immer weniger Zeitgenossen glauben an verborgene Schätze in verfallenen Burgruinen oder unterirdischen Klostergewölben. Auch Geister und Gespenster, die unseren Altvorderen das Leben schwer machten, sind rar geworden. Vielleicht weil sich manche dieser rätselhaften Erscheinungen nur alle hundert Jahre zeigen. Und dann ausschließlich Sonntagskindern. Oder aber man hat am 24. Juni, dem Johannistag, einfach keine Zeit und Muße, sich an Ort und Stelle auf Schatzsuche zu begeben. Oder sich von der Existenz unerklärlicher Erscheinungen zu überzeugen. Dabei gilt der Johannistag seit jeher im Landstrich zwischen Elbe und Oder als »Festtag« alles Unerklärlich-Gespensterhaften. Das war bei den Kelten ebenso wie bei den alten Germanen oder unseren slawischen Vorfahren.

Im einstigen Kloster Eldena bei Greifswald will man lange Zeit in der Johannisnacht eine Gestalt gesehen haben. Einen Mönch, der zu mitternächtlicher Stunde zwischen den Backstein-Mauern wandelte, wobei er leise vor sich hin stöhnte. Vielleicht war das der erste Abt, ein Zisterzienser namens Livinus.

Dieser Mönch soll den Untergang der Abtei Dargun überlebt haben – ein Kloster, 50 Kilometer südwestlich von Greifswald gelegen. Dann würde er zu jenen Brüdern gehören, die am Ryke-Fluss (heute: Ryck) einen Neuanfang gewagt hatten. Was die nächtlichen Streifzüge samt Stöhnen betraf, so klagte Livinus wohl über das Ende der Klosterherrlichkeit. Denn viel hat sich nicht in die Gegenwart retten

Klosterruine Eldena

können. Übrig geblieben sind ein Stück Südwand der Kirche und einige wenige Reste der Klausur, an die sich der Kreuzgang anlehnte. Und die Klosterscheune.

Rügenfürst Jaromar hatte die Ordensbrüder mit allem ausgestattet, was für ein Kloster nötig war. Vor allem mit Ländereien, mit Dörfern samt Bewohnern. Das alles geschah um 1200. Auch die späteren Pommern-Herzöge hatten zu Eldena ein besonders enges Verhältnis. Viele aus der Fürstenfamilie sind hier bestattet worden. Ihre Gräber hat man allerdings niemals gefunden. Kein Wunder, denn nach der Aufhebung des Klosters wurde aus der Abtei ein Steinbruch. Die Ziegel findet man in der Greifswalder Stadtbefestigung und in Universitätsgebäuden wieder. Ein schlechter Dienst, den da die Hansestadt ihren Gründungsvätern erwies. Die Zisterzienser-Mönche höchstpersönlich hatten nämlich den Platz für die Siedlung ausgesucht. Greifswald war gewissermaßen ihre Siedlung. Der Landesherr hatte dem Kloster um

1250 das Privileg für einen Markt erteilt. Lange durchstreiften die Mönche den sumpfigen Urwald, um eine geeignete Stadtstelle zu finden. Einer Sage zufolge entdeckten sie auf einem Baum ein riesiges Nest. Dort zog ein Greif seine Jungen groß. Die Mönche hielten das für ein gutes Omen und begannen mit dem Bau der Stadt. Gestört vom Lärm, zog sich der Adler zurück. Vorerst nur. Denn nachdem wieder etwas Ruhe eingekehrt war, kam der Riesenvogel zurück. Er packte mit seinen Krallen ein Kind, trug es zum Nest und warf die Beute seinen Jungen zum Fraße vor. Die Rache der Bürger folgte auf dem Fuße. Sie fällten den Baum und vertrieben die gefiederten Menschenfresser. Diesmal auf alle Zeiten.

Doch zurück zu dem nächtlichen Wandler durch die Ruine. Es könnte sich dabei auch um einen slawischen Fürsten oder Edelmann handeln. Seine Geschichte ist in dieser Form wohl erst vor 50 Jahren entstanden. Was Dichtung ist und was tatsächlich zur uralten Überlieferung gehört, kann niemand nachprüfen. Der Autor ist seit einigen Jahren tot und hat sein Geheimnis mit ins Grab genommen.

Viel früher schon könnte die Gestalt des spukenden Fürsten auch ein Mönch namens Lienhard ins Kloster »eingeschleppt« haben. Unwissentlich, wie sich herausstellte. Dieser Bruder Lienhard war ein begnadeter Prediger. Deshalb war er anno 1256 zur Weihe der Dorfkirche nach Alt Jabel eingeladen worden. Vor der Gemeinde wetterte er gegen die alten slawischen Götter. Wie hilflos diese Götzen Jesus gegenüber wären, dem Sohn Gottes. Und erst recht gegenüber dem allmächtigen Vater, dem Herrn im Himmel. Das wollte Lienhard seinen Zuhörern an einem handfesten Beispiel demonstrieren. Das neue Gotteshaus war genau an der Stelle entstanden, an der zuvor ein slawisches Heiligtum existiert hatte. Bei den Bauarbeiten war man auf ein Gräberfeld gestoßen. Zu den Grabbeigaben gehörte eine Schale. Offenbar eine Opferschale. Für Menschenopfer, wie die katholische

Kirche überzeugt war. Um seine Zuhörer zu beeindrucken, hatte sich Lienhard etwas Besonderes ausgedacht. Während der Messe ließ er die Schale herbeitragen. Er werde jetzt dieses heidnische Gefäß zerschlagen, kündigte er an. Falls nichts passiere, beweise das die Ohnmacht der falschen Götter. Gesagt, getan. Mit geweihtem Hammer spaltete der Geistliche die Schale in zwei Teile.

Nichts geschah. Weder tat sich die Erde auf noch stürzte die neue Kirche ein. Es fuhr auch kein Blitz aus dem Himmel, um den Priester zu erschlagen. Um die Leute von Jabel an den Sieg der christlichen Kirche über die slawische Götterwelt auf alle Zeiten zu erinnern, ließ Lienhard eine Hälfte der Schale in die Wand der Kirche einmauern. Dort ist sie noch heute zu sehen.

Den anderen Teil nahm er mit nach Eldena. Vorerst brachte er das steinerne »Reise-Andenken« in seiner Zelle unter. Das war keine gute Entscheidung. Um Mitternacht erschien ein Geist und drohte Lienhard mit dem Tod. Er heiße Boleslav der Ruhmreiche, stellte sich der spukende slawische Edelmann vor. Man habe seine Totenruhe gestört und sein Grab in Alt Jabel geschändet. Das würde geradezu nach Rache schreien. Er zeigte auf den Holzgriff seines Schwertes. Die 91 Kerben darauf stünden für 91 erschlagene Christen. Es gelang dem Mönch jedoch, den wütenden Boleslav von seinen Mordplänen abzubringen. Von Stund an wurde Lienhard ein anderer. Aus dem eifernden Missionar wurde ein nachdenklicher Gottesmann. Bald verließ er Kloster Eldena und kehrte in seine sächsische, sprich niedersächsische Heimat zurück. Die halbe Schale nahm er mit. Der Mönch soll zeitlebens nicht wieder froh geworden sein, lässt der Autor seine Leser wissen. Was den Fürsten Boleslaw anbelangt, so ist nicht ausgeschlossen, dass er noch immer nach einer würdigen Grabstätte für sich sucht. Als Nicht-Christ könnte ihm nämlich eine Ruhestätte in der geweihten Erde des Klosters Eldena nach wie vor verwehrt sein.

Verwehrt ist offenbar bis heute auch allen Schatzsuchern der Einstieg in die unterirdischen Gewölbe. Lange Zeit war man in Eldena felsenfest davon überzeugt, dass die Mönche nach der Auflösung des Klosters alles Gold und Silber in den Kellern versteckt hatten. So könnte es Mitte des 18. Jahrhunderts gewesen sein. In Vorpommern hatten die Schweden das Sagen, und aus dem Kloster war längst ein Amtshof geworden, als zwei fremde Kapuziner-Mönche beim Amtmann vorstellig wurden. Sie baten darum, sich in den Ruinen umsehen zu dürfen. Der übervorsichtige Beamte gab den beiden einen Knecht zum Schutze mit. Tatsächlich fanden die Ordensleute eine bis dahin verborgene Luke. Entschlossen stieg das Trio hinab in die Unterwelt. Dort saßen in einem riesigen Saal viele Mönche, die sich mit Schreibarbeiten beschäftigten. Von Schätzen war nichts zu sehen. Als sich der Knecht nach drei Stunden wieder bei seinem Dienstherren zurückmeldete, erlebte er eine faustdicke Überraschung. Nicht drei Stunden, sondern volle drei Jahre war er fort gewesen.

Klosterruine Eldena

Gold gesucht, Scherben gefunden

Gramzow

In dem winzigen Uckermark-Städtchen Gramzow lebte einst ein Amtmann. Im Auftrag der kurfürstlichen Familie verwaltete er ein ansehnliches Landgut. Dieses Anwesen, etwa in der Mitte zwischen Prenzlau und Schwedt gelegen, hatte einmal dem Prämonstratenser-Orden gehört. Nach der Reformation war das Kloster samt Ländereien in den Besitz der Hohenzollern gekommen. Wie alle anderen Klöster zwischen Elbe und Oder, zwischen Spreewald und der oberen Havel.

Die einstige Klosterkirche war allerdings Gotteshaus geblieben. Französische Glaubensflüchtlinge kamen hierher zu ihren Gottesdiensten. Die Hugenotten hatten das Angebot des Kurfürsten angenommen und sich in der schwach besiedelten Uckermark niedergelassen. Für die Dachgeschosse der Kirche gab es einen recht weltlichen Verwendungszweck. Sie dienten bis 1714 als Getreidespeicher. An einem Julitag brach in Gramzow ein verheerender Stadtbrand aus. Innerhalb weniger Stunden waren fast alle Häuser zu Schutt und Asche geworden. Die gewaltige Feuerwalze machte auch die einstige Klosteranlage samt Kirche zu einer Ruine. Nach diesem Unglück kam ein Zeichen aus Berlin. Die Freigabe für den Abriss! Aus dem Gemäuer durfte man ab sofort Steine und Balken herausbrechen und für Neubauten verwenden. Nun konnten auch im Klosterbezirk neue Wohnhäuser entstehen.

Nicht erst seit dem Brand war man in Gramzow und Umgebung der felsenfesten Überzeugung, dass die Mönche bei ihrem Auszug Gold und Silber in unterirdischen Gewölben versteckt hatten. Mit Sicher-

Klosterruine Gramzow

heit handelte es sich dabei um den Klosterschatz. Immer wieder suchten Schatzgräber nach geheimen Gängen. Doch offenbar ohne Erfolg. Irgendwo aber musste das Gold lagern. Schließlich hatten Bauern und Städter über viele Generationen hinweg mit ihren Abgaben die Mönche »durchgefüttert«. Viele Uckermärker machten sich Gedanken, wie sie an den Schatz der Prämonstratenser kommen und so mühelos zu Reichtum gelangten könnten. Auch die drei Söhne des bereits erwähnten Amtmanns trachteten danach. Bald drehte sich all ihr Denken nur noch um das Gold und Silber unter der Kirche. Ein altgedienter Knecht ihres Vaters goss noch Öl ins Feuer. An die Schätze sei nur zur Geisterstunde heranzukommen, ließ er die Brüder wissen. Und nur bei Vollmond. Absolutes Schweigen sei geboten!

Die drei Burschen machten sich tatsächlich um Mitternacht an die Arbeit. Beim Graben stießen sie auf einen großen Kessel aus Metall. Offenbar von den Geräuschen der jugendlichen Schatzgräber munter geworden, erschien der Vater an der Kirche. Der Amtmann wollte Bescheid wissen über das ungewöhnliche Treiben seiner Sprösslinge. Doch die blieben stumm wie die Fische. So wie es ihnen der Knecht aufgetragen hatte. Der Vater ließ sich indes nicht abweisen. Als er partout nicht von der Fragerei abließ, bekam er schließlich eine Antwort. Ganz leise, kaum hörbar, flüsterte ihm der jüngste Sohn ins Ohr, dass man es auf den Klosterschatz abgesehen habe. Und dann machte man sich wieder schweigend an die Arbeit. Den Dreien gelang es, wohl auch mithilfe des Vaters, das große Behältnis zu bergen. Als sie bei fahlem Mondlicht den Kessel öffneten, fanden sie darin jedoch nichts als Scherben.

Die Sage könnte durchaus einen historischen Hintergrund haben. Denn bevor die Mönche das Kloster errichteten, existierte an gleicher Stelle eine slawische Siedlung. Möglicherweise waren die Schatzgräber auf Urnen aus vorchristlicher Zeit gestoßen.

Der Raub der Hostien

Heiligengrabe

Dieser Albert Kuhn hat es ganz genau gewusst. Wie das damals war mit den gestohlenen Hostien von Techow. Damals, das soll 1287 gewesen sein. Der Freitag nach Pfingsten. Heute heißt das Prignitz-Dorf Techow Heiligengrabe, es liegt zwischen Pritzwalk und Wittstock.

Kuhn ließ keine Zweifel aufkommen, wie es vor 725 Jahren zur Gründung des Zisterzienserinnen-Klosters kam. Als sei er dabei gewesen, als sich im altmärkischen Kloster Neuendorf elf Nonnen und ihre Äbtissin in Richtung Techow aufmachten.

Albert Kuhn lebte Mitte des 19. Jahrhunderts. Fast überall in der Mark Brandenburg war er unterwegs, um Märchen und Sagen zu sammeln. In Archiven hat er gestöbert, um den historischen Hintergrund von Legenden zu erhellen. Mit vielen Leuten hat er sich unterhalten. Und wie es sich für einen richtigen Sagen-Sammler und Sagen-Erzähler gehört, ließ Kuhn beim Niederschreiben manches weg, anderes setzte er dazu. Das ist kaum noch nachzuprüfen. Mit Sicherheit aber wird er in Heiligengrabe die Bildtafeln aus dem frühen 16. Jahrhundert gesehen haben, die die Legende von der Klostergründung illustrieren.

Eine Klostergründung, der eine sogenannte Hostienschändung vorausgegangen war. Das wurde jedenfalls von Generation zu Generation weitererzählt und fand sogar Eingang in alte Chroniken.

Demnach übernachtete am Pfingsttag 1287 im Dorf Techow ein reisender Jude. Möglicherweise ein Kaufmann, der auf der Handelsstraße im nördlichen Brandenburg unterwegs war. Des Nachts soll der Mann in die Dorfkirche eingebrochen sein. Nicht Gold und Silber

Westflügel des Klosters Heiligengrabe

entwendete der Räuber, sondern ein Gefäß mit geweihten Hostien. Die kleinen Gebäckstücke bedeuten für die katholische Kirche den Leib Jesu Christi. Deshalb wurden und werden die Hostien entsprechend verehrt. Immer schwerer wurde dem Räuber das Diebesgut. Er musste die Flucht unterbrechen, um sich auszuruhen. Genau neben einem Galgen samt einem Gehängten ließ er sich nieder. Er grub mit seinen Händen ein Loch, brach die Hostien in unzählige Stücke und Krümel, dann wurden die geschändeten Hostien versenkt. Das »Hostiengrab« bedeckte der Dieb mit Erde, dann setzte er eilig seine Flucht fort.

Inzwischen bemerkten die Techower den Einbruch. Sofort geriet der Jude in Verdacht. Man verfolgte seine Spur, fand ihn in Pritzwalk im Kreise seiner Glaubensbrüder und überführte ihn der Tat. Der Dieb gestand alles, wurde zum Tode verurteilt und auf dem Rad hingerichtet.

Die geschändeten Hostien aber holte man wieder ans Tageslicht. In der Folgezeit geschahen in unmittelbarer Nähe unerklärliche Wunder. So wurde der Havelberger Bischof von einer schweren Krankheit geheilt. Und als es Markgraf Otto versäumte, eine Kirche zur Erinnerung an das Verbrechen zu errichten, und sich stattdessen für ein Schloss in Techow aussprach, legte der Himmel oder irgendein anderer auf unerklärliche Weise Widerspruch ein. Alle Speisen, die dem Fürst vorgesetzt wurden – egal, ob gekocht oder gebraten –, begannen zu bluten. Dieses göttliche Zeichen soll der unmittelbare Anlass dafür gewesen sein, dass Otto als Stifter des Zisterzienserinnen-Klosters Heiligengrabe in die Geschichte eingegangen ist.

Leider ist diese Version offenbar falsch. Was für eine Sage noch kein Hals- oder Beinbruch wäre. Im Fall Heiligengrabe steht dahinter aber einmal mehr der Judenhass des ausgehenden Mittelalters. 1510 hatte Kurfürst Joachim I. von Brandenburg die Ausweisung aller Juden angeordnet. Dem vorausgegangen war ebenfalls eine sogenannte Hostienschändung. Im havelländischen Dorf Knoblauch, das heute zu dem Städtchen Ketzin gehört.

Fast 40 Menschen starben deswegen den Flammentod auf dem Scheiterhaufen. Stadtbürger und Adel profitierten von derlei Menschenjagden. Auf einen Schlag waren sie die Schulden bei ihren jüdischen Geldverleihern los. Für diese blutigen Pogrome reichte oft der bloße Vorwurf oder der Verdacht auf Ritualmord, Brunnenvergiftung oder Hostienschändung aus. Es ist wohl kein Zufall, dass 1516 die Legende vom Hostienraub zu Heiligengrabe zum ersten Mal gedruckt wurde. Bis dahin war sie in keiner Urkunde aufgetaucht.

1532 ließ Äbtissin Anna von Rohr die eingangs erwähnten Bildtafeln anfertigen. Sie wurden in der 1512 geweihten Heiliggrab-Kapelle zur Schau gestellt. Das spätgotische Gotteshaus soll sich genau an jener Stelle befinden, an der ein Vierteljahrtausend vorher der mutmaßliche Hostienräuber hingerichtet wurde. Möglicherweise wollte Äbtissin Anna – wie schon ihre Vorgängerinnen im Amte – mit der Verbreitung der Legende ihre tiefe Verbundenheit mit der traditionellen

Auslegung der Heiligen Schrift und gleichzeitig die Ablehnung aller reformerischen Ideen unter Beweis stellen. Auch die Zustimmung zum Umgang des Landesherrn mit der jüdischen Minderheit dürfte eine Rolle gespielt haben. Doch allein mit Hass gegen alles Jüdische war das Ganze wohl nicht zu begründen. Etwas anderes wird dazugekommen sein. Gewissermaßen ein innerkirchliches Motiv. In vielen Teilen Europas waren Wallfahrtsorte entstanden. Tausende und abertausende Pilger kamen hierhin zum Gebet, erhofften sich so die Vergebung ihrer Sünden. Die Gläubigen ließen sich das Seelenheil oder die Genesung von Krankheiten eine Menge kosten. Die Spenden waren gewaltig. Offenbar wollte sich auch Heiligengrabe vom Prignitzer Seelsorge-Tourismus eine Scheibe abschneiden. Man befand sich vor allem im Wettbewerb mit dem nicht einmal 50 Kilometer entfernten Wilsnack. Bis zur Reformation galt die heutige Bäderstadt als bekanntestes Wallfahrtsziel in Mitteleuropa. Mit der Hostien-Legende, so hofften die frommen Schwestern von Heiligengrabe wohl nicht ganz zu Unrecht, konnte man mehr Pilger zur eigenen Abtei locken. Die Überlegungen könnten aufgegangen sein. Doch schon 1539 setzte sich die Reformation auch in Brandenburg durch. Das Zisterzienserinnen-Kloster wurde aufgelöst und in ein evangelisches Frauenstift umgewandelt.

Bis heute ist Heiligengrabe indes gut für allerlei Überraschungen. Als man nämlich Mitte der 1980er Jahre in der Blutkapelle eine Fußboden-Heizung einbaute, stieß man auf ein kleines Grabgewölbe. Gut geeignet, Hostien oder Reliquien aufzunehmen. Es stammt wohl noch vom Vorgänger-Gebäude. Vielleicht steckt doch ein Fünkchen Wahrheit in der Gründungslegende.

Ein Strohballen mit Füßen

Himmelpfort

Wäre Albrecht III. ein Jahr eher gestorben, dann würde möglicherweise Kloster Himmelpfort gar nicht existieren. Es war der 25. November 1299, als der Markgraf von Brandenburg seinen Namen unter die Stiftungsurkunde setzte. Und am 4. Dezember 1300 segnete er das Zeitliche.

Viel ist spekuliert worden, weshalb die Zisterzienser-Abtei gerade an dieser Stelle entstand. Zwischen Lychen und Fürstenberg, am Ufer des Stolpsees. Damals sah die Gegend um die obere Havel völlig anders aus als heute. Der Landstrich bestand aus riesigen Wäldern, Seen und Flüssen. Vor allem aber aus Sümpfen, Sümpfen und nochmals Sümpfen. Schwach besiedelt war das Land. Hier lebten seit Jahrhunderten Slawen vom Stamme der Ukranen.

Auf einer Burg in der Nähe von Lychen residierte einer ihrer Fürsten. Wladislaw soll sein Name gewesen sein. Vielleicht auch Wartislaw, eingedeutscht: Waldemar.

Der Edelmann konnte und wollte sich nicht damit abfinden, dass für die Uckermark neue Zeiten gekommen waren. Dass die alten Götter der Vergangenheit angehörten und dass das Christentum Einzug gehalten hatte. Dass immer mehr Fremde ins Land kamen und sich als Bauern niederließen.

Für die Quelle allen Übels hielt Wladislaw die Markgrafen von Brandenburg. Deshalb schmiedete er finstere Mordpläne gegen Albrecht III. Wladislaw lud den Markgrafen auf seine Burg ein. Während eines Gastmahles wollte man ihn erschlagen. Der Fürst, nichts Böses

Klosterruine in Himmelpfort

ahnend, erschien mit einem kleinen Gefolge. Es wurde ein feuchtfröhlicher Abend. Wein und Bier flossen in Strömen. Am Ende waren die Ukraner so betrunken, dass sie zu keinerlei koordiniertem Handeln mehr fähig waren. Markgraf Albrecht merkte man dagegen kein Zeichen von Trunkenheit an. Der Not gehorchend, musste deshalb Wladislaw seine Pläne ändern. Nun sollte der Fürst auf dem Heimweg erschlagen werden. Das Vorhaben wurde verraten. Um dem Attentat zu entgehen, brach der Markgraf schon am frühen Morgen auf. Nicht ohne vorher seinen hinterhältigen Gastgeber mit dem Schwert niedergestreckt zu haben.

Albrecht wählte für die Flucht eine recht ungewöhnliche Route. Anstatt den Weg nach Süden zu nehmen, ritten er und seine Begleiter in Richtung Westen. Dort entlang, wo die Sümpfe am gefährlichsten waren. Wie zu erwarten war, verirrten sich die Flüchtenden. Immer tiefer sanken sie ein in den Morast. In seiner Todesangst rief Albrecht die Gottesmutter um Hilfe an. Und tatsächlich erschien Maria. Mit einem hellen Lichtschein wies sie Albrecht und seinen Männern den

Weg. Kaum hatten die Pferde wieder festen Grund unter den Hufen, kniete Albrecht betend nieder. Zum Dank für die Rettung wollte er hier ein Kloster errichten lassen.

Bald darauf hatte der Fürst einen ungewöhnlichen Traum. Ihm war, als würden ihn Engel »entführen«. Die nächtlichen Himmelsboten geleiteten ihn zu einem Tor. Zu einer Pforte aus purem Gold. »Tritt ein, Markgraf! Es ist das Himmelstor.« Daher der Name Himmelpfort. Ob der Fürst tatsächlich nach seinem Tod in den Himmel aufstieg, ist unbekannt. Albrecht III. wurde jedenfalls in der Klosterkirche bestattet. In Himmelpfort, in coeli porta, wie später die Zisterzienser-Mönche ihre Abtei nannten.

Doch es gibt noch eine andere Version über die Gründung. Nach dieser Lesart bat Markgraf Albrecht seinen Bruder Otto, in der Nähe von Lychen einen geeigneten Platz für das fromme Werk zu finden. Otto war Mönch im Kloster Lehnin. Gemeinsam mit den Zisterziensern Martin und Georg machte er sich auf den beschwerlichen Weg in Richtung Norden. Am Stolpsee hatte Otto eine himmlische Vision. In der Gestalt der Abendsonne stieg niemand Geringerer als der Gottvater auf die Erde herab. Eine Stimme ließ Otto wissen: »Hier ist ein heiliges Land, und vielen wird hier der Weg gezeigt werden zur Pforte des Himmels.« – Eine weitere Deutung des Namens.

Himmelpfort gehörte zu den kleineren Klöstern. Nur selten lebten hier wesentlich mehr als zwölf Mönche. Und weil Himmelpfort unmittelbar an der Grenze zwischen Brandenburg und Mecklenburg lag, war das Kloster immer wieder Überfällen ausgesetzt und wurde dabei nicht nur einmal zerstört. So erinnern außer der mit Efeu bewachsenen Kirche nur noch das sogenannte Brauhaus aus dem 14. Jahrhundert und Teile der Klostermauer an die Zeit der Mönche. Reste eines Kirchturms sucht man vergeblich. Das wäre nicht ungewöhnlich, der Zisterzienser-Orden verzichtete bewusst auf jeglichen Prunk an und in seinen

Gotteshäusern. In Himmelpfort muss es allerdings einen Kirchturm gegeben haben. Vielleicht hinzugefügt nach der Reformation. Sogar die Stelle ist überliefert: 13 Schritte vom Eingang in die Kirche entfernt. Den Turm hat ein Zuchtbulle auf dem Gewissen. Erzählt man jedenfalls. Der obere Raum diente nämlich einst als Getreidelager, das muss das massige Tier mitbekommen haben. Der Aufstieg über die schmale Treppe gelang. Der Abstieg dagegen nicht. Das Schallloch musste erweitert werden, damit der Bulle per Seilzug den sicheren Boden erlangen konnte. Am nächsten Tag fiel das Bauwerk in sich zusammen.

In Himmelpfort kennt fast jeder die Geschichte um die Strohbrücke am Ortseingang. Hier soll einmal ein Abt eine Beobachtung der besonderen Art gemacht haben. Einer seiner jungen Mönche kam ihm entgegen. Auf seiner Schulter lastete ein riesiges Strohbündel. Als der Mitbruder vor ihm stand, begriff der Abt, weshalb sein Gegenüber so schwer zu schleppen hatte. Aus dem Strohballen ragten zwei zierliche Füße heraus. Mädchen-Füße, wie sich zeigte. Auf diese originelle Weise hatte ein Liebespaar versucht, unbemerkt in den Klosterbezirk zu gelangen.

Auf Liebeslust und Liebesleid geht auch der Name Nonnenbad zurück. Seit Menschengedenken heißt so eine Stelle an der Havel. Hier, zwischen Himmelpfort und dem Dorf Bredereiche, lädt der Fluss im Sommer ganz besonders zum Baden ein. Das muss auch zwei Nonnen ins Auge gefallen sein. Die beiden Zisterzienserinnen aus dem Frauenkloster Zehdenick waren unterwegs ins Männerkloster Himmelpfort. Um sich verbotenerweise mit zwei Mönchen zu einem »Schäferstündchen« zu treffen, meinen die einen. Nein, sagen die anderen. Die Nonnen seien im Auftrag ihres Ordens unterwegs gewesen, um Geschäftliches mit dem Abt zu besprechen.

Bleiben wir bei der Version »verbotene Liebe«. Schon deshalb, weil sie viel romantischer ist. Entsetzlich heiß soll es an diesem Tag gewe-

Klostergebäude in Himmelpfort

sen sein. Und weil die beiden Liebhaber noch nicht am verabredeten Platz erschienen waren, entschlossen sich die Nonnen zu einem Bad im Fluss. Um Staub und Schweiß abzuspülen, um ihren Liebhabern noch begehrenswerter zu erscheinen. Gesagt, getan. Als dann die Erwarteten eintrafen, genossen die vier ihre Liebesfreuden gleich an Ort und Stelle. Das romantische Fleckchen Erde gefiel ihnen so sehr, dass sie sich künftig immer nur hier und nirgendwo anders treffen wollten.

Doch als die Mönche wie vereinbart ein nächstes Mal zum »Nonnenbad« kamen, machten sie eine schreckliche Entdeckung. Am Ufer fanden sie lediglich die Kleider der beiden Frauen. Von den Nonnen war weit und breit nichts zu sehen. Stattdessen sollen zwei Glocken aus dem Wasser geragt haben. Offenbar hatte eine höhere Macht die Zisterzienserinnen mit dem Tode bestraft. Weil sie ihr Keuschheitsgelübde gebrochen hatten. Auch die beiden Liebhaber wurden sich ihres Frevels bewusst, sie verließen das Kloster. Als Einsiedler beteten sie bis zum Lebensende tagaus, tagein um Vergebung ihrer Sünden.

Die Flucht der sieben Nonnen

Ivenack

Auch das zweite Mal Zählen hat nichts genutzt. Die siebte Eiche von Ivenack ist beim besten Willen nicht zu finden. Dabei spricht die alte Sage ausdrücklich von sieben tausendjährigen Eichen, die im Tiergarten ihre Kronen in den mecklenburgischen Himmel recken. Das mit den tausend Jahren ist nicht ganz ernst zu nehmen. Niemand kann mit Sicherheit sagen, wie alt die Baum-Veteranen tatsächlich sind. Die Wahrheit müsste zwischen 800 und 1200 Jahren liegen. Selbst das mit dem mecklenburgischen Himmel ist nicht korrekt. Als die kleinen Eichentriebe zu Bäumen heranwuchsen, gehörte der Landstrich zu Pommern. Das Sagen in Sachen Glauben hatten die Bischöfe von Cammin, dem heute polnischen Kamień Pomorski. Sie kontrollierten auch das Zisterzienserinnen-Kloster von Ivenack, etwa zehn Kilometer von der heutigen Reuterstadt Stavenhagen gelegen.

Die Abtei stand auf dem Platz, an dem sich heute das Schlösschen erhebt. Manche der Mauern sollen sogar noch aus dieser Zeit stammen. Ursprünglich als Klosterkirche errichtet, wurde so viel an dem Gotteshaus umgebaut und entsprechend dem Zeitgeschmack modernisiert, dass man nur mit viel Mühe das Mittelalter als Entstehungszeit erkennen kann. Als Stifter wird ein Ritter namens Reinbern von Stove genannt. Der reiche Edelmann wollte offenbar mit dem Nonnenkloster sich und seiner Familie den Zugang zum Himmel erleichtern. Die heiligen Schwestern sollten mit Gebeten dem Geschlecht derer von Stove das Seelenheil sichern. Die Klostergründung muss zwischen 1252 und 1255 liegen. Sie ging einher mit der Besiedlung durch landlose Bauern

Ivenacker Kirche

aus den Gebieten westlich der Elbe. Mit dem strengen Leben hinter den Klostermauern konnten sich freilich nicht alle Nonnen abfinden. Sieben von ihnen beschlossen zu fliehen. Wie nicht selten in solchen Fällen, war im Nu der Teufel zur Stelle und bot seine Hilfe an. Verbunden mit einer einzigen Bedingung: Was auch immer geschehe, die

Frauen dürften sich während der Flucht nicht umdrehen. Jedenfalls nicht, bevor sie Stavenhagen erreicht hätten. Mit Recht spekulierte der Höllenfürst auf die menschlichen Schwächen wie Angst und Neugier. Um Mitternacht verließen die sieben Schwestern die Abtei. Das Vorhaben wäre beinahe gelungen. Bis heute kann niemand erklären, weshalb die sieben Damen trotz aller Ermahnungen dann doch nach hinten geblickt haben. Sie selbst konnten die Frage nicht mehr beantworten. Sie verwandelten sich sofort in Eichen.

Es gibt noch eine weitere Version für das Erscheinen der Ivenacker Eichen. Der zufolge wurde eines Nachts das Kloster von Räubern überfallen. Halbnackt suchten die Damen ihr Heil in der Flucht. Als sie am nächsten Tag zurückkehrten, schämten sie sich ihrer Nacktheit. Sie baten den Herrn, sie in Bäume zu verwandeln. Eine Bitte, die der Gottvater tatsächlich erfüllte.

Von den 20 Kroneichen, die man im 19. Jahrhundert zählte, haben leider nur sechs die Zeitläufe überdauert. Dazu gehört die sogenannte Ringeiche, der wohl attraktivste Baum aus dem Sextett. Ihr Name ist ebenfalls eng verbunden mit dem Schicksal einer unglücklichen Nonne. Die junge Frau war gegen ihren Willen nach ihrer Verlobung ins Kloster gebracht worden. Im Walde soll die Nonne nach innerem Frieden gesucht haben. So oft es ihr nur irgendwie möglich war, verbrachte sie ihre Zeit betend unter dem Blätterdach des Klosterwaldes. Als Zeichen der Demut pflanzte sie einen Eichentrieb und streifte ihren Verlobungsring darüber. Der Baum wuchs und wuchs. Eines Tages war das Schmuckstück nicht mehr zu sehen. Der Ring soll nun vom Innern her den Baum stützen. Offenbar mit Erfolg. Die Eiche hat immerhin eine Höhe von reichlich 35 Metern.

Die Wirklichkeit ist leider weniger romantisch und hat wahrscheinlich nichts mit verwunschenen Nonnen zu tun. Die Kronen-Eichen sind das Ergebnis slawischer Weidewirtschaft. Auch deutsche Bauern nutzten später diese Methode, um das Vieh zu mästen. Jahrhundertelang trieben die Hirten die Herden in den Wald. In den Hudewald, den Hütewald. Die Tiere ließen sich Gräser und junge Triebe schmecken. Alles Jungholz verschwand. Übrig blieben die großen Bäume. Die von Jahr zu Jahr stattlicher wurden.

Und noch eine Legende ist mit Ivenack verbunden. Die von Herodot. Der war natürlich nicht der griechische Geschichtsschreiber aus der Antike. Der mecklenburgische Herodot war ein Apfelschimmel. Als berühmter und erfolgreicher Deckhengst gelangte sein Ruf bis nach Paris. Als die Franzosen nach der Schlacht von Jena auch in Mecklenburg einrückten, ließ Napoleon das kostbare Pferd sofort beschlagnahmen. Das wollten die Ivenacker nicht zulassen. Deshalb sollen sie das Tier in einer der hohlen Eichen versteckt haben. Wenn auch ohne Erfolg. Als die französischen »Beutemacher« kamen, wieherte das edle Tier und wurde so entdeckt. Bis nach Moskau soll der französische Kaiser auf Herodot geritten sein. Wenn es stimmt, was man erzählt, dann wurde anno 1815 der Hengst sogar Gegenstand der Verhandlungen auf dem Wiener Kongress. Vor allem Marschall Blücher soll sich für die Rückgabe der kostbaren Beute starkgemacht haben.

Inzwischen hatte der damalige Herr auf Ivenack, ein Graf von Plessen, seinen Stallmeister nach Frankreich gesandt. Der fand den Schimmel tatsächlich und brachte das Tier nach Mecklenburg zurück. Halb erblindet, billigte man Herodot ein Gnadenbrot zu. Im ungewöhnlich hohen Alter von 35 Jahren ist er gestorben.

Im Gegensatz zu den verwunschenen Nonnen hat dieser Herodot mit Sicherheit gelebt. Seine Verdienste als Deckhengst sind sogar aktenkundig. Doch auch bei dieser Pferde-Legende lässt sich nach 200 Jahren die Grenze zwischen Phantasie und Wahrheit nicht mehr eindeutig ziehen.

Verhungert und verdurstet

Jüterbog

In Jüterbog gibt es zwei Klöster. Das Nonnenkloster und das sogenannte »Mönchenkloster«. Beide hat es einmal gegeben, muss es natürlich heißen. Mit der Reformation sind die Bettelmönche vom Franziskaner-Orden und die verschleierten Zisterzienserinnen aus der Stadt verschwunden. Geblieben sind zwei eindrucksvolle Gebäudekomplexe, die auch 500 Jahre nach Luther einen vorsichtigen Blick auf das Leben einer mittelalterlichen Stadt freigeben.

Das Männerkloster hat keine hundert Jahre dem Bettelmönch-Orden als Gotteshaus und Wohnstätte gedient. Erst um 1480 begann man mit seiner Errichtung, 1510 wurde die Kirche geweiht. Die Franziskaner-Kirche, heute als »Kulturquartier Mönchenkirche« bekannt, wird seit einigen Jahren für Konzerte, als Bibliothek und Museum genutzt. Bei so einem kurzen »Leben« muss es nicht verwundern, dass sich keine der sonst üblichen Klostersagen in die Gegenwart retten konnte.

Immerhin soll hier ein Begriff entstanden sein, der inzwischen in der ganzen Welt bekannt ist. Nämlich »Lutheraner«. Ein Jüterboger Franziskaner hat ihn als Erster benutzt. Als er den Prediger und späteren Bauernkriegsführer Thomas Müntzer beim Bischof von Brandenburg anschwärzte.

Das Frauenkloster, das weitaus ältere der beiden Klöster, lag einst außerhalb der Stadtmauern. Dieser Standort entsprach den Grundsätzen des Zisterzienser-Ordens. Entsprechend der Regel des Heiligen Benedikt hieß es für die Frauen »ora et labora« – beten und arbeiten.

Mönchenkirche und Chor in Jüterbog

Frauen und Männer des Ordens waren angehalten, ihr täglich Brot durch der eigenen Hände Arbeit zu verdienen. Jedenfalls weitgehend.

Anno 1282 kamen die ersten Schwestern aus Magdeburg nach Jüterbog. 13 an der Zahl. Eine eigene Kirche mussten sie nicht bauen lassen. Sie nutzten die bereits vorhandene Sankt-Marienkirche in der Damm-Vorstadt. Im Laufe der Jahre setzte sich in Jüterbog der Name Liebfrauen-Kirche durch. Wesentliche Teile des Gotteshauses stammen aus der Mitte des 13. Jahrhunderts. Ein Vorgänger-Bau an der gleichen Stelle war wohl 1179 dem Aufstand heidnischer Wenden zum Opfer gefallen.

Ob in der Kirche selbst oder im sogenannten »Zellenbau der Nonnen« – irgendwo soll es einen zugemauerten Einstieg in einen unterirdischen Geheimgang gegeben haben. Der führte zum Zisterzienser-Kloster Zinna. So will es jedenfalls eine Sage wissen. Liebeshungrige

Mönche konnten durch die Verbindung unbemerkt ebenso liebeshungrige Nonnen besuchen. Vielleicht auch umgekehrt.

Einst soll ein blutjunges Mädchen gegen ihren Willen ins Kloster gebracht worden sein. Tag und Nacht grübelte die Frau über ihre Flucht nach. Doch was ihr auch immer in den Sinn kam, die Klostermauern schienen unüberwindbar. Endlich, als ihr Kummer am größten war, bot sich ihr die Chance zu fliehen. Sie entdeckte eine offene Tür, die sie bisher nie gesehen hatte. Die Unglückliche nahm all ihren Mut zusammen und stieg in den finsteren Gang hinab. Der Weg wollte und wollte kein Ende nehmen. Irgendwann verließ sie der Mut. Das Mädchen kehrte um und tastete sich zum Einstieg zurück. Möglicherweise verlor sie auf dem Rückweg die Orientierung oder wurde ohnmächtig. Als sie nach vielen Stunden endlich den Einstieg wieder erreichte, war die Tür verschlossen. Und zwar von außen. Niemand vernahm ihre Hilferufe. Keiner hörte ihr Klopfen. Vielleicht wollte es auch niemand hören. Vielleicht wollte man sie für die Flucht aus dem Kloster bestrafen. Die unglückliche Frau erlitt einen schrecklichen Tod. Sie starb offenbar vor Hunger und Durst. Es dauerte eine ganze Weile, bis man ihren leblosen Leib entdeckte. Daraufhin wurde der Eingang zugemauert. Und so gut getarnt, dass ihn bis heute niemand gefunden hat.

Von Bauern erschlagen

Lehnin

Auf den ersten Blick ist er nicht zu sehen – dieser uralte Baumstumpf in der Klosterkirche von Lehnin. Unmittelbar vor dem Altar hat man das gute Stück in den Fußboden eingemauert. Der Stumpf soll zu jener Eiche gehören, auf die der Klosterstandort zurückgeht.

Die einstige Zisterzienser-Abtei – gelegen zwischen den Havel-Städten Potsdam und Brandenburg – gehört zu den ältesten Klöstern zwischen Elbe und Oder. Schon kurz nach 1190 müssen die Mönche mit dem Bau der Basilika begonnen haben. Zu jener Zeit fühlte man sich noch der Romanik verpflichtet. Als die Arbeiten ein halbes Jahrhundert später zum Abschluss kamen, hatte sich ein neuer Baustil durchgesetzt – die Gotik.

Die Zisterzienser-Mönche waren auf Bitten von Otto I. gekommen, seines Zeichens Markgraf von Brandenburg. Der Fürst galt als begeisterter Jäger. Als er wieder einmal mit seinem Gefolge im Havelland auf Pirsch war, muss sich die Jagdgesellschaft verlaufen haben. Oder besser gesagt »verritten«. Als die Finsternis hereinbrach, musste Otto mit einem Schlafplatz unter freiem Himmel vorliebnehmen. Unter einer mächtigen Eiche schlief er ein. Die Nacht schickte ihm einen ungewöhnlichen Traum. Ein riesiger Hirsch erschien. Das Tier versuchte, ihn mit dem Geweih aufzuspießen. Weder die Hunde noch seine Jagdwaffe, ein Spieß, waren Otto eine wirksame Hilfe. In seiner Todesangst rief der Fürst den Herrn im Himmel um Beistand an. Kaum war die Bitte ausgesprochen, da verschwand das Untier. Als Otto am nächsten Morgen seinem Beichtvater von dem seltsamen Erlebnis

Klosterkirche St. Marien und Klosteranlage

erzählte, deutete der Geistliche den Hirsch als Teufelserscheinung. Der Höllenfürst habe so versucht, die Ausbreitung des Christentums in der Mark Brandenburg zu verhindern. Der Markgraf reagierte auf der Stelle. Eine Sage überliefert seine Worte: »An diesem Orte will ich eine Feste bauen, aus welcher die höllischen Feinde durch die Stimmen heiliger Männer vertrieben werden sollen und in welcher ich den Jüngsten Tag ruhig erwarten will.«

Nicht alle Sagensammler sind überzeugt, dass der Eichenstumpf vom »Traumbaum« des Fürsten stammt. Der Baum könnte durchaus Teil eines slawischen Heiligtums gewesen sein. Der Vorgänger des Zisterzienserklosters könnte sich genau an der Stelle befunden haben, an der sich heute die Kirche erhebt. Für diese Deutung spricht der Name Lehnin. Die Bezeichnung ist aus dem Slawischen abgeleitet und steht in vielen Sprachen für Hirsch.

Nicht nur Otto, der Stifter des Klosters, hat sich zu Gründungszeiten des Klosters einen Namen gemacht. Auch der erste Abt ist in die brandenburgische Geschichte eingegangen. Sein Name war Sebald. Dieser Sebald wurde Opfer einer Bluttat. Gegen Ende des 12. Jahrhunderts haben ihn empörte Bauern erschlagen – offenbar eine Reaktion auf die Versuche des frommen Mannes, der heidnischen Bevölkerung das Christentum nahezubringen. Aus diesem Grund könnte er an jenem ereignisreichen Tag in das kleine Havelland-Dorf Nahmitz gekommen sein. Der Abt hatte eine vermeintlich günstige Tageszeit für seinen Missionsversuch gewählt. Die Männer des Dorfes waren unterwegs. Sie gingen auf den Feldern oder beim Fischen ihrer Arbeit nach. Mit den Frauen, hoffte Sebald, ein leichtes Spiel zu haben. Doch die »Damen« des Dorfes waren gewarnt. Wann auch immer Kuttenträger aus dem benachbarten Kloster auftauchen sollten, hatten sie die Flucht zu ergreifen, waren die Frauen von ihren Ehemännern instruiert worden. Als nun der Ruf »Der Abt kömmt, der Abt kömmt!« den unerwünschten Besuch ankündigte, rannte alles davon. Weil aber das Eheweib des Fischers gerade beim Brotteig-Kneten war, versteckte sich die verängstigte Frau unter dem Backtrog. Als der Abt die Fischer-Hütte betrat, war ihm nach einer Verschnaufpause zumute. Er nahm auf dem umgestülpten Backtrog Platz und wartete die weiteren Ereignisse ab. Der ungewöhnliche Sitzplatz veranlasste die Tochter

Klosterkirche St. Marien

des Hauses gegenüber dem Vater zu der zugegeben zweideutigen Behauptung: »Vadder, Vadder! Der Abt sitzt auf der Mutter!« Der hochgradig erregte Fischer versammelte die Männer des Dorfes um sich. Es begann eine Hetzjagd auf den Geistlichen. Sebald ergriff die Flucht und versuchte, sich auf einer Eiche zu verstecken. Vergeblich, die aufgebrachte Menge fand ihn und fällte den Baum. Kein Lösegeld-Angebot half, Abt Sebald wurde erschlagen. In der Klosterkirche von Lehnin erinnert ein altes Gemälde an die Bluttat vor reichlich 800 Jahren.

Auch eine Weiße Frau gab es in Lehnin. In manchen Nächten hat man sie gesehen – in anderen nicht. Leise klagend zog sie einst um Mitternacht durch die Klosterkirche. Niemand hat je verstehen können, was die Dame da vor sich hin murmelte. Einer Sage zufolge soll sie ein Edelfräulein gewesen sein, das auch lange nach dem Tod keine Ruhe finden konnte. Ihre Sünden, so wird erzählt, waren derart ungeheuerlich, dass ein Menschenleben nicht ausreichte, um die Schuld abzutragen. Für jede Minute der Lust musste sie mit Jahren der Last zahlen. Was der jungen Frau vorgeworfen wurde, stellt sich aus heutiger Sicht als recht harmlos dar, ist zutiefst menschlich. Sie hatte sich lediglich in einen jungen Mann verliebt. Allerdings in einen Zisterzienser-Mönch. Ihre Leidenschaft soll so groß gewesen sein, dass sie sich sogar in den Klosterbezirk einschlich. Dorthin, wo alles Weibliche verboten war. Und was strafverschärfend zu Buche schlug: Nicht ihr Geliebter, sondern sie hatte die Initiative zu den Liebesnächten ergriffen. Das überstieg ganz und gar die mittelalterlichen Moralansichten.

Nachdem sich auch in Brandenburg die Lehren Martin Luthers durchgesetzt hatten, wurde das Kloster aufgelöst. Die nächtlichen Messen fielen weg, und die Weiße Frau blieb aus. Schade, denn so ein bisschen Spuk würde im Grunde niemand wirklich stören.

Der Auftritt der Weißen Frau hatte sich aber nicht nur auf die Kirche beschränkt, auch außerhalb des gotischen Gotteshauses war sie hin und wieder gesehen worden. Immer dann, wenn das verwunschene Edelfräulein auftauchte, häuften sich in Lehnin die kleinen, häuslichen Unfälle. Vor allem das Bier wurde sauer und damit ungenießbar. Deshalb hielt sich in Lehnin das Mitgefühl für die Weiße Frau in Grenzen. Wenn es um ihr Lieblingsgetränk ging, verstanden unsere Vorfahren bekanntlich keinen Spaß.

Was nicht einmal alle Einwohner von Lehnin wissen, das Kloster gilt als Geburtsort eines brandenburgischen Nationalgerichts. Hier soll zum ersten Mal die legendäre Erbsensuppe mit Schweinsohren gekocht worden sein. Das war so: Ohne Ankündigung besuchte einst ein Kaiser die Abtei. Der Bruder Küchenmeister hatte damit ein Problem. Die Speisekammer war nämlich völlig leer. Weder Fleisch noch Wurst, weder Fisch noch Käse lagerten in den Regalen. Lediglich über einen Sack voller Erbsen verfügte der Mönch. Im Stall standen zwar noch ein paar Schweine, aber die wollte man für den Gast nicht »opfern«. Selbst wenn es sich um einen so hochkarätigen Gast wie einen Kaiser handelte. Man schnitt den armen Tieren darum nur die Hängeohren ab. Ohne sich von dem höllischen Quieken der Opfer abhalten zu lassen. Aus den Ohren und den Erbsen wurde eine kräftige Suppe gekocht und dem Kaiser kredenzt. Der Monarch fand zur großen Überraschung Gefallen an dem kräftig-deftigen Gericht. Und wenn man der Sage glaubt, dann war Erbsensuppe mit Schweinsohren bald an allen Ecken und Enden der märkischen Lande zu bekommen.

Vom eigenen Bruder ermordet

Lindow

Wenige Schritte vor dem Klostertor soll es passiert sein. Ein Blitz kam vom Himmel und traf eine Nonne tödlich. Nicht aus heiterem Himmel, denn seit Wochen gingen über dem Landstrich um das nordbrandenburgische Städtchen Lindow gewaltige Gewitterregen nieder. Auch die innigsten Gebete der Zisterzienserinnen hatten die Unwetter nicht eindämmen können.

Dabei waren Gewitter und Überschwemmungen nicht die einzigen Sorgen der Klosterbewohnerinnen. Auch die Tote war zu ihren Lebzeiten für die braven Nonnen zum Problem geworden.

Niemand wusste Genaues über ihre Herkunft. Reich war sie und adlig. Ihren Namen aber hatte sie verschwiegen. Es war noch gar nicht so lange her, dass sie eines Nachts vor der Klosterpforte stand und um Einlass bat. Fast genau an der Stelle, an der sie nun der Blitz erschlug. Ein junger Mann von vornehmem Aussehen befand sich in ihrer Begleitung. Die Frau wollte in den Orden aufgenommen werden. Solch ein Begehren zu nächtlicher Stunde zu äußern war recht ungewöhnlich. Normalerweise musste man eine zeitaufwendige Prozedur durchlaufen, ehe man den Schleier nehmen durfte. Doch ein mit Goldstücken prall gefüllter Beutel beseitigte die Einwände der Äbtissin.

Die Neue bereitete den Schwestern schlaflose Nächte. Nicht der ununterbrochene Wechsel von Gebet und Arbeit – ora et labora – fiel ihr schwer. Was sie bedrückte, war eine schwere psychische Last, die sie, für alle sichtbar, mit sich zu tragen hatte. Mit keiner der anderen Schwestern wollte sie darüber sprechen. Und was das Schlimmste in den Augen der Nonnen war: Sie kündigte öffentlich Selbstmord-Pläne an. Das in einem Kloster! Schon allein der Gedanke daran gehörte zu den größten Sünden, die man sich überhaupt vorstellen konnte. Nun hatte sie, wie jedermann sehen konnte, der Himmel bestraft. Mit ihrem Tod hörten die wochenlangen Gewitter auf.

Die schöne Nonne

Die unbekannte Nonne blieb Gesprächsthema. Als sich Waldemar, der letzte brandenburgische Markgraf aus dem Hause Askanien, mit seinen Nachbarn aus Mecklenburg bekriegte, kochte die Gerüchteküche um die tote Nonne erneut über. Denn anno 1316 musste der Fürst in der Nähe von Gransee eine Niederlage einstecken. Es gab Tote und Verletzte. Nach der Schlacht wurden Verwundete zur Pflege ins Kloster gebracht. Unter ihnen erkannte die Äbtissin den Mann, der einst die namenlose Nonne begleitet hatte. Der mit dem Beutel voller Gold. Der bereits vom Tode gezeichnete Ritter starb, ohne das Bewusstsein wiedererlangt zu haben. Von seinem Reitknecht erfuhr die Nachwelt vom tragischen Schicksal eines Liebespaares aus Mecklenburg. Das adlige Edelfräulein, die vom Blitz erschlagene Nonne, hatten die Eltern dem jüngeren Bruder ihres Geliebten versprochen. Doch sie hatte eine tiefe Leidenschaft zu dem Älteren erfasst und umgedreht war es ebenso. Es kam, wie es kommen musste. Der Kampf der beiden Rivalen um das Mädchen uferte zum blutigen Streit aus. Am Ende erschlug der eine Bruder den anderen. Geplagt von Selbstvorwürfen, gelobte die junge

Giebel der einstigen Klosterkirche

Frau, allen irdischen Freuden zu entsagen und in ein Kloster einzutreten. Und so geschah es auch.

Einen Grabstein sucht man vergebens. Der Friedhof entstand erst nach der Reformation, als aus dem Kloster ein evangelisches Stift für adlige Damen wurde. Für verwitwete oder unverheiratete Gräfinnen und Freifrauen aus preussisch-brandenburgischen Adelshäusern und aus dem benachbarten Mecklenburg. Die Namen Rochow und Zieten, Bredow und Quast, Döberitz und Rohr sind auf Steinen und Kreuzen zu lesen.

Den Namen einer anderen Nonne kennt man dagegen in Lindow noch heute. Als »schöne Nonne« ist das Mädchen in die Welt der Sagen eingegangen. Es handelt sich um eine Amelie, um die Tochter aus einer reichen Adelsfamilie.

Dieses Mädchen liebte einen Jüngling namens Jacob. Ihre Zuneigung war nach damaliger Ansicht nicht zu akzeptieren, kam doch der

Junge aus ärmlichen Verhältnissen. Die Eltern des Mädchens lehnten ihn als Bräutigam ab. Und weil sich Amelie allen anderen ehelichen Verbindungen verweigerte, wurde die ungehorsame Tochter ins Kloster gebracht. Das junge Paar fand sich indes mit der Trennung nicht ab. Nacht für Nacht schlich sich Jacob zur Klostermauer und lockerte den Mörtel zwischen den Steinen. Er kratzte und schabte. Bis sich die Quader lösten und man sie abtragen konnte. Amelie überstieg die Mauer und befand sich in Freiheit. Gesehen hat man das Paar nie mehr. Manche meinen, die beiden wären im Wutzsee ertrunken. Dafür spricht, dass man noch lange an der betreffenden Mauerstelle ein rätselhaft-schauriges Geräusch gehört haben will. Jeweils um Mitternacht – ein Scharren und Kratzen.

Nach anderer Lesart gelang dem Paar die Flucht. Eine Plastik am Seeufer zeigt die »schöne Nonne« von Lindow. Aus Granit – zwei Meter hoch und fast 1500 Kilo schwer.

Soviel Romantik auf einem Fleck zog auch Theodor Fontane an. Immerhin widmete der Schriftsteller fünf Seiten seiner »Wanderungen durch die Mark Brandenburg« dem einstigen Frauenkloster. Das Kloster und dessen damalige Stiftvorsteherin dienten außerdem als Vorlage für seinen letzten Roman, den »Stechlin«. Von Fontanes Besuchen ist keine Sage, sondern eine Anekdote überliefert. Als sich nämlich der Dichter bei der Stifts-Chefin anmelden ließ, fragte die standesbewusste Frau: »Wie bitte, von Tane heißt der Mann? Eine Familie von Tane kenne ich nicht!«

Mönch tot, Wein überlebt

Luckau

Es ist noch gar nicht so lange her, dass es gestattet wurde, das ehemalige Dominikanerkloster in Luckau zu betreten. Denn wie im Mittelalter verwehrte bis vor Kurzem eine unüberwindbare Mauer den Eintritt. Keine Klostermauer, sondern eine Gefängnismauer. Bis 2006 nutzte die Justiz das einstige Anwesen der Dominikaner als Strafanstalt. Bis zu 2000 Häftlinge waren hier eingesperrt. Auch der 1918 ermordete Arbeiterführer Karl Liebknecht, sozialdemokratischer Reichstagsabgeordneter und unbeugsamer Kämpfer gegen den Krieg, musste hier eine Haftstrafe absitzen. Inzwischen wurde aus dem einzigen Dominikanerkloster der Lausitz eine »Kulturkirche«. Eingezogen ist auch ein Regionalmuseum.

Das Männerkloster entstand in den 90er Jahren des 13. Jahrhunderts. Wesentlich mehr als ein gutes Dutzend Mönche werden wohl zu keiner Zeit hier gelebt haben. Und im Grunde ist das Kloster niemals offiziell geschlossen oder aufgelöst worden. Erst als die letzten Mönche starben – das war 1555 –, fand das Klosterleben ein recht unspektakuläres Ende.

Nach 200 Jahren Leerstand wurde das Gelände schließlich als »Zucht- und Armenhaus« genutzt. Auch Waisenkinder und Geisteskranke brachte die Stadt Luckau hier unter. Immer wieder baute man die Gebäude um, um sie den Anforderungen an den Strafvollzug anzupassen.

Kloster und Gefängnis bilden offenbar seit Menschengedenken in Luckau eine ungewöhnliche Schicksalsgemeinschaft. Wie eine alte Sage berichtet, führte einst ein dunkler Gang unter den Klostermauern hinweg zu einer längst verschwundenen Burg. In den tiefen unterirdischen Gewölben befanden sich feuchte und finstere Kerkerzellen. Dort hatten zum Tode verurteilte Missetäter auf ihr »letztes Stündchen« zu warten – bis sie vom Henker und seinen Knechten zur Richtstätte geführt wurden.

Einmal saß ein Mönch in einer der Todeszellen. Welcher Straftat er sich schuldig gemacht hatte, ist nicht überliefert. Wohl aber sein letzter Wunsch. Er bat um ein Fass Wein. Seine Bitte wurde ihm erfüllt.

Aus irgendeinem Grund brach der Gang zu den Todeszellen auf vielen Metern Länge in sich zusammen. Auch der Mönch wurde verschüttet. Rettungsversuche sah man als zwecklos an. Und weil es sich ohnehin um einen Todeskandidaten handelte, unterließ man alle Bemühungen, den möglicherweise noch lebenden Mann aus den Gewölben zu befreien. Der Gang wurde mit Erde verfüllt, damit nicht noch mehr Teile einstürzen konnten. Man vergaß den Vorfall.

Nach den Napoleonischen Kriegen setzte auch in Luckau ein Bau-Boom ein. Als der Bürgermeister neue Keller anlegen ließ, stieß man auf das verschüttete Gefängnis. In einer der Zellen fanden Arbeiter ein menschliches Skelett. Das Gerippe saß in der Ecke und war mit einer Kutte bekleidet. An seiner Seite stand ein hölzernes Fass. Als man den Toten anfasste, zerfiel augenblicklich sein Leib zu Staub. Das geschah auch mit dem Fass. Der Wein aber hatte sich über die Jahrhunderte hinweg gut gehalten. Der Rebensaft war von einer dicken Haut umgeben, die ihn schützte. Diese Haut wurde vorsichtig entfernt. Zur großen Überraschung war der Wein noch zu genießen. Die Geschichte vom Wein, der die Jahrhunderte überstand, und vom Mönch, dem man die Rettung verweigerte, beschäftigte in Luckau und Umgebung noch lange nach dem ungewöhnlichen Fund die Phantasie der Menschen.

Wenn Nonne Jutta die Register zieht

Mühlberg/Elbe

Jeweils zu Weihnachten und zu Ostern soll es gewesen sein. Wohl auch zu Pfingsten und am 24. Juni, dem Johannistag.

Wer nach Mitternacht an der Mühlberger Klosterkirche vorbeikam, konnte einen schwachen Lichtschein sehen. Im Inneren des Gotteshauses erklang Musik – Orgelmusik. Viele Mühlberger können es allerdings nicht gewesen sein, die über diese übernatürliche Erscheinung aus eigenem Erleben berichteten. Im Mittelalter galt es als fromme Bürgerpflicht, dass man nach Einbruch der Dunkelheit die eigene Wohnung nicht mehr zu verlassen hatte. Lebensgefährlich war es außerdem. Nicht, weil sich in der Dunkelheit in dem winzigen Klosterstädtchen unmittelbar an der heutigen Landesgrenze zu Sachsen allerlei Diebesvolk und Mordbrenner herumtrieben. Nein, die Gefahr ging von der uralten Stadtkirche Sankt Maria aus. Einer spätgotischen Backsteinkirche, die seit Menschengedenken auch die Zisterzienser-Nonnen aus dem Kloster Marienstern für ihre Gebete und Gottesdienste nutzten.

Nun soll es doch einmal geschehen sein, dass ein nächtlicher Bummler unterwegs war. Auch ihm – die Sage spricht von einem armen Nagelschmied – fiel der seltsame Lichtschein in der verschlossenen Kirche auf. Neugierig, wie er war, drückte er sich fast die Nase an den Fensterscheiben platt. Doch nichts war zu erkennen. Da holte der Mann einen Nagel aus der Tasche seiner Beinkleider und öffnete damit die Kirchentür. Gut gekleidete Menschen waren im Kirchenschiff zu sehen: Adlige und Äbtissinnen, Pröpste und vor allem viele,

Propstei in Mühlberg/Elbe

viele Nonnen. All jene hatten sich hier versammelt, die in dieser Kirche oder in deren spätromanischem Vorgängerbau ihre letzte Ruhestätte gefunden hatten. Der Gesang der Zisterzienserinnen und das Orgelspiel klangen in den Ohren des Nagelschmieds wie himmlische Musik. Vor allem, dass eine Frau die Register zog, war ungewöhnlich. Es könnte sich dabei um Jutta gehandelt haben, die Witwe des Markgrafen Dietrich, genannt der Bedrängte. Der Fürst gilt als Klosterstifter. Nach seinem Tod soll Jutta dem Kloster vorgestanden haben. Möglicherweise wurde die Frau aus dem Hochadel in Mühlberg beigesetzt. All das gehört zur Stiftungslegende. Es gibt keinerlei Beweise dafür. Möglicherweise brachten die Brüder Bodo und Otto von Ihleburg die Gründung auf den Weg. Auszuschließen ist auch nicht die Variante, dass die Brüder das Geld und der Fürst die Erlaubnis für die Stiftung gaben. Demgegenüber ist das Wirken einer zweiten Äbtissin namens Jutta historisch verbürgt. Sie erlag 1350 der Pest. Ihr Grabstein befindet sich in der Klosterkirche. Wer sich auch immer hinter der Orgel spielenden Nonne verbirgt, im heutigen Begegnungszentrum des Klosters erinnert der »Jutta-Saal« an beide Frauen.

Der erwähnte Nagelschmied konnte damals unbemerkt die Kirche verlassen. Zu Hause berichtete er sichtbar erregt von seinen Erlebnissen. Dann legte er sich zu Bett und starb. Fragte irgendjemand die Hinterbliebenen nach dem Aufenthaltsort des Nagelschmieds, so lautete die Antwort jedesmal: »Im Himmelreich.« Deshalb heißt die Straße an seinem Haus auch Himmelreich.

Von dort aus ist es nicht weit bis zu jener rätselhaften Stelle an der Klostermauer, die bis heute für Gesprächsstoff sorgt. Dort soll am 24. April anno 1547 der sächsische Kurfürst Johann Friedrich auf das Klostergelände vorgedrungen sein. Nicht, um den Nonnen Schlimmes anzutun. Der Fürst befand sich vielmehr auf der Flucht. Er hatte gerade eine Schlacht gegen die kaiserlichen Truppen verloren. Sein Heer, aufgestellt vom protestantischen Fürstenbund, war vernichtend geschlagen worden. Gegen eine fast vierfache katholische Übermacht war Johann Friedrich nahezu chancenlos. 7000 Kriegsknechte gegen knapp 27 000! Nun hatten ihm Söldner aus Spanien und Italien sogar noch den Fluchtweg abgeschnitten.

Um der Gefangennahme zu entgehen, stieß er seinem Schlachtross die Sporen in die Flanken. Dem Gaul gelang tatsächlich der Sprung über die Klostermauer. Doch die Hufe des Pferdes streiften das baufällige Mauerwerk und rissen eine tiefe Bresche. Die ist noch heute zu sehen. Viel brachte der »Todessprung« allerdings nicht ein. Noch am gleichen Tag geriet Johann Friedrich in Gefangenschaft. Ein Säbelhieb warf ihn aus dem Sattel. Kaiser Karl V. rächte sich an seinem Widersacher mit einem Todesurteil, wandelte das aber dann in eine Haftstrafe um. Die Kurwürde ging von Johann Friedrich an Moritz von Sachsen über.

Und noch ein anderer Reiter hat in Mühlberg für Aufsehen gesorgt. Dieser steinerne Reiter befindet sich heute im Stadtmuseum, der sogenannten Neuen Propstei. Das attraktive Haus wurde in den 1530er Jahren errichtet. Es ist wohl der letzte Bau vor der Klosterauflösung. Bei der Sandsteinfigur handelt es sich um Georg, den Drachentöter. Ursprünglich soll der Heilige unmittelbar neben dem Treppentürmchen gestanden haben.

Grab der Äbtissin Jutta

Dieser Georg gilt als Beschützer von Bauern und Bergleuten, Soldaten und Gefangenen, Wanderern und Reitern. Er wird um Hilfe angerufen in Kriegsgefahren und gegen sündige Versuchungen sowie bei Fiebererkrankungen. Außerdem soll er für gutes Wetter sorgen und für das Gedeihen des Viehs.

Mit dem Heiligen Georg von Mühlberg hat es eine besondere Bewandtnis. Nie und nimmer dürfe die Figur von ihrem angestammten Platz entfernt werden, so schreibt es eine Überlieferung vor. Das bringe Unglück.

Irgendwann stand der steinerne Georg aber offenbar Erweiterungsplänen im Wege. Der Versuch, die Plastik auszugraben und umzustellen, erwies sich schwieriger als vermutet. Ein Tag reichte für den Umzug nicht aus. Bei Einbruch der Dunkelheit mussten die Arbeiten eingestellt werden. In den folgenden Nächten häuften sich die kleinen und großen »Unfälle«. Zunächst riss sich alles Vieh los. Als man

Hospiz in Mühlberg/Elbe

auch am zweiten Tag mit dem Umsetzen nicht fertig wurde, spielten die Tiere wieder verrückt. Das änderte sich selbst dann nicht, als der Georg endlich auf seinem neuen Platz stand. Am zehnten Tag nach dem Umzug brannte die riesige und wohl gut gefüllte Scheune bis auf die Grundmauern nieder. Nun wurde der Georg auf seinen alten Platz zurückgebracht. Von Stund an hörte die Unglücksserie auf dem Klosterhof auf.

Und noch etwas: Wenn vom Mühlberger Kloster Güldenstern die Rede ist, dann ist damit das Zisterzienserinnen-Kloster Marienstern gemeint. Der goldene Stern auf dem Dach ist im Laufe der Jahre zum zweiten Namen des Klosters geworden.

Die Missetat des Johanniters

Nemerow

1860 will man ihn noch gesehen haben – den »schändlichen Mönch« zu Nemerow. Seine Seele hat offenbar auch Jahrhunderte nach dem Tod keine Ruhe gefunden. In hellen Mondnächten soll er immer wieder am Tollensesee umhergeirrt sein. Vom Ufer bis zur alten Klosterscheune, die als einziges Bauwerk aus Komturei-Zeiten überdauert hat. Wollte man sich dem spukenden Mönch nähern, stürzte er sich ins Wasser und verschwand, heißt es in einer Sagensammlung aus dem 19. Jahrhundert.

Eine Komturei war Wohn- und Verwaltungssitz der Ordensritter. Der geisternde Mann gehörte augenscheinlich zu den Johannitern, die am Ostufer der Tollense – gar nicht weit entfernt vom heutigen Neubrandenburg – ansässig waren. Mehrere Dörfer gehörten zu dem ansehnlichen Wirtschaftshof. Das Sagen über Nemerow hatten die geistlichen Herren im mecklenburgischen Mirow an der Müritz. Eigentlicher Besitzer der Komturei war aber der Orden, der vom Kurfürstentum Brandenburg aus und nicht von Mecklenburg »regiert« wurde. Eine komplizierte Rechtslage, wie sich später herausstellte. Ungeklärte Eigentumsverhältnisse würden wir heute sagen. Die einfachen Menschen der Umgebung haben wohl zwischen einem Kloster und einer Komturei kaum einen Unterschied gemacht. Selbst als der Orden längst aus Nordostdeutschland verschwunden war, sprach man in den Dörfern noch vom alten Kloster Nemerow.

Dort lebte jedenfalls irgendwann ein Mönch oder ein Ordensritter, der sich in ein junges Mädchen verliebt hatte. Er ließ Ordensregeln

Ordensregeln sein, umgarnte das schöne Kind so lange, bis es seinen Liebesschwüren erlag. Das Schicksal nahm seinen Lauf. Die junge Frau wurde schwanger und brachte einen Jungen zur Welt. Der Mönch wollte von einer Vaterschaft nichts wissen. Mehr noch, von der Kanzel herab wetterte der Prediger gegen die sündige junge Mutter. Das Mädchen konnte soviel Gemeinheit nicht ertragen und verfiel dem Wahnsinn. Ein hitziges Fieber gesellte sich dazu. Ihre Tage waren gezählt. Kurz vor ihrem Tod gelangte sie noch einmal zu Bewusstsein. Der Mönch und niemand anderes sei der Vater ihres unehelichen Kindes, schwor sie bei Gott. Sie verfluchte den Lügner und bat den Himmel, den Missetäter zu bestrafen. Kurz danach starb sie. Der kleine Junge überlebte seine Mutter nicht lange.

Von nun an fand der Ordensmann keine ruhige Stunde mehr. Wahrscheinlich musste er aber doch einen Rest Gewissen behalten haben. Denn Tag und Nacht erlitt er unvorstellbare Seelenqualen. Am Ende wählte er den Freitod und stürzte sich in die Tollense. Seit dieser Zeit irrt er als »schändlicher Mönch« über das Klostergelände.

Das alles könnte sich zwischen 1300 und 1650 zugetragen haben. Denn im Mai 1298 wurde die Komturei gegründet und nach dem Dreißigjährigen Krieg aufgelöst.

Durch geschicktes Taktieren war es dem Johanniterorden gelungen, nach der Reformation weiter zu existieren. Das Konzept war auch deshalb erfolgreich, weil die Johanniter vor allem Komture, so nannte man die Vorsteher der Klosterhöfe, einsetzten, die dem einheimischen Adel entstammten und über eine entsprechende Hausmacht verfügten. Und auf deren Wohlwollen die Landesfürsten angewiesen waren. In Mecklenburg wie in Brandenburg bestimmten zu dieser Zeit nach wie vor alteingesessene Adelsdynastien den Lauf der Dinge. So wie Komtur Ludwig von der Groeben, der von 1593 bis 1623 auf Nemerow residierte. Sein Grabmal steht unter einer riesigen Eiche.

Es war allerdings einer seiner Vorgänger, ein Hofrat mit Namen Joachim von Holstein, dessen Tod für Unruhe im deutschen Nordosten sorgte. Ein kluger Mann, wie sich zeigte. Der Hofrat hatte zwar Nemerow als weltliches Lehen vom mecklenburgischen Landesherrn übertragen bekommen, war aber hinter dessen Rücken in den Orden eingetreten und brachte das Anwesen als Morgengabe in den Orden ein. Nach Holsteins Tod wollte der Fürst Nemerow erneut als Lehen vergeben. Dem aber widersetzten sich die Johanniter und machten ihre Eigentumsrechte geltend. Darauf gab es eine klare Ansage. Gewissermaßen bei Nacht und Nebel besetzten mecklenburgische Kriegsknechte aus der Burg Stargard die Komturei. Die angereisten Beauftragten des Ordens bekamen gleichsam Hausverbot. Selbst im Dorf durfte ihnen niemand Verpflegung und Unterkunft anbieten. Der Orden drohte daraufhin mit einem Gegenschlag. Falls Mecklenburg nicht zurückrudere, würden 300 Reiter in Richtung Nemerow in Marsch gesetzt. Man werde nicht weichen, ließ Mecklenburg wissen. Eine Schlacht an der Tollense drohte. Da stellte sich der Kurfürst von Brandenburg an die Seite der Johanniter. Gegen eine solch geballte Militärmacht hatte der Herzog von Mecklenburg keine Chance. Ein Kompromiss wurde ausgehandelt. Von nun an stellte man abwechselnd den Komtur: mal der Orden, mal der Fürst.

Gedenkstein für Komtur Ludwig van der Groeben

Lange schien das Komturei-Gelände mit einem Fluch belegt zu sein. Selbst nachdem fast alle Spuren aus den Johanniter-Zeiten verschwunden waren. Auch als an dieser Stelle ein Amtshaus errichtet wurde. Einer der Amtmänner gehörte den Freimaurern an und brachte die »Volksseele« zum Kochen. Zugetragen haben kann sich diese Geschichte nicht wesentlich vor 1750. 1723 wurde die erste Großloge erwähnt. In London, also ein gutes Stück von Mecklenburg entfernt, geografisch wie religionsgeschichtlich. Überall in Deutschland wurden die Logenbrüder misstrauisch betrachtet. Sowohl von den beiden großen Kirchen als auch von der übergroßen Mehrheit des ganz einfachen Volkes. Vor allem die Geheimniskrämerei sorgte für Phantasiegeschichten. Wie die von Nemerow.

Es wird erzählt, dass der besagte Amtmann einen Tagelöhner veranlasst haben soll, ihm seine Seele zu verkaufen. Dafür musste der Knecht ein Dokument mit seinem Blut unterschreiben. Ein Beutel Goldstücke sollte sein Lohn sein. Dem braven Mann fielen sofort die berüchtigten Verträge mit dem Höllenfürsten ein. Als ihm die Feder aus der Hand glitt und er sich unter den Tisch beugen musste, um sie aufzuheben, erkannte er dort einen schwarzen Pudel. Nun verweigerte er endgültig seine Unterschrift. Der Reitknecht des Amtmannes – sein Name war Rullwitz – hatte weniger Bedenken. Er unterschrieb und strich das Geld ein. Ein ganzer Hut voll soll es gewesen sein. Den leicht verdienten Reichtum brachte er seiner Mutter. Um sich danach in einem Brunnen zu ertränken. Im Rullwitz-Brunnen, wie der Wasserspeicher bis heute heißt.

Der Kuhnhahn, der das Gold bewacht

Neukloster

Eigentlich hätte er damals auftauchen müssen. Der Kuhnhahn von Neukloster. Als es mit der Klosterherrlichkeit zu Ende ging. Als sich die letzten Nonnen mit dem Gedanken abfinden mussten, dass es hinter diesen Klostermauern fortan keine neue Generation von Zisterzienserinnen geben würde. Das war kurz vor Ende des 16. Jahrhunderts. Für den Kuhnhahn gewiss ein geeigneter Zeitpunkt, um das zwei Dutzend Kilometer südöstlich von Wismar gelegene Kloster zu retten. Denn auch Sankt Maria im Sonnenkamp, wie die Abtei offiziell hieß, musste sich den Ideen eines Martin Luther beugen. Auch in Mecklenburg hatte der neue Glaube auf Dauer Fuß gefasst. Doch die Hilfe durch den Kuhnhahn blieb aus. Selbst als die Fürsten die Klostermauer abtragen ließen und die Steine für das Schweriner Schloss verwendeten.

Übrig geblieben sind lediglich eine Backstein-Kirche aus dem 13. Jahrhundert mit mittelalterlichen Glasfenstern und ein einzeln stehender Glockenturm. Möglicherweise gehörte er einmal zu einer Kapelle. Außerdem gibt es noch die 600 Jahre alte Propstei mit ihrem beeindruckenden Giebel aus der späten Gotik zu bestaunen. Dazu ein dichtes Geflecht aus Sagen und Legenden um den Kuhnhahn. Noch im 19. Jahrhundert will man eine Stelle auf dem Klosterhof gekannt haben, die den Namen »Kuhnhahns Keller« trug.

Kuhnhähne – so nannte man früher in dieser Gegend die Truthähne. Der legendäre Kuhnhahn von Neukloster soll ein ganz besonders stattliches Exemplar gewesen sein. Einer Sage nach bewachte der riesige Vogel einen Schatz – das legendäre Gold der Nonnen. Den Schatz muss man sich als mittelalterliche Feuerversicherung oder als Lebensversicherung für die Klosterbewohnerinnen vorstellen. Die Schwestern hatten es sich im Laufe der Zeit zur eisernen Regel gemacht, jedes Geldstück zu sparen, das nicht unbedingt für den aktuellen Haushalt benötigt wurde. Zur Aufbewahrung ließ man sogar eine Wiege aus purem Gold schmieden. Von Jahr zu Jahr füllte sich die ungewöhnliche Schatztruhe mehr und mehr. Um allen Begehrlichkeiten aus dem Wege zu gehen, wurde die Wiege tief in der Erde versteckt. In einem unterirdischen Gang, der von der Kirche zum Wirtschaftshof führte. Die kluge Voraussicht der Nonnen verdient bis heute Respekt. Sollte nämlich ein Brand das Kloster einäschern, würde der Schatz die Feuersbrunst mit großer Wahrscheinlichkeit unbeschadet überstehen. Das Geld hätte dann für den Wiederaufbau zur Verfügung gestanden. Doch das schien den Nonnen immer noch zu wenig an Sicherheit. Selbst vor ihrer eigenen Habgier fürchteten sie sich. Deshalb stellten die Frauen dem Schatz zusätzlich einen riesigen schwarzen Truthahn an die Seite, der jeden Räuber in die Flucht schlagen würde. Tag und Nacht, Stunde um Stunde umkreiste das gewaltige Tier den Schatz. Sollte es jemand wagen, den Gang zu betreten, dann würde der Kuhnhahn den Boden mit den Flügeln peitschen, dass es weithin fürchterlich durch die Gewölbe dröhnte. Sollte das nicht ausreichen, dann bliese der Truthahn dem Eindringling Fackel oder Kerze aus. So wäre nur noch ein Zurück möglich. Erst wenn das Kloster tatsächlich abbrennen würde, gäbe der ungewöhnliche Schatzwächter den Zugang in die »Unterwelt« frei. Problemlos, wie die Sage meint, könnte man hernach das Gold zum Wiederaufbau nutzen. Für ein neues Kloster – viel schöner als das vorherige.

Es ist überflüssig, allzu lange über den Wächter des Schatzes nachzudenken. Als nämlich die Nonnen von Neukloster ihre Gebete gen

Ehemalige Propstei in Neukloster

Himmel richteten, gab es diese Vögel in Europa noch gar nicht. Sie bevölkerten weite Teile Nord- und Mittelamerikas. Erst nach Kolumbus gelangten sie über den Großen Teich in die Alte Welt und breiteten sich nach und nach von Spanien über den gesamten Kontinent aus. Auch die Deutung des Namens gibt Rätsel auf. Wegen seiner Rufe nannte man den Truthahn Kollerhahn – niederdeutsch: kullerhoun. Anderswo waren die bis zu einem Meter großen Vögel als indische Hühner bekannt. Korrekt hätte es indianische Hühner heißen müssen. Doch in Europa galt Westindien lange Zeit als Bezeichnung für die sogenannte Neue Welt.

Eine schlüssige Erklärung für den ungewöhnlichen Schatzwächter gibt es offenbar nicht. Dafür aber eine Variante, wonach nicht ein Truthahn, sondern ein schwarzer Pudel von gewaltiger Größe und mit glühenden Augen den Schatz bewachte. Doch weder den Hund noch den Vogel hat man je gesehen. Es ist darum anzunehmen, dass das Nonnen-Gold noch immer unangetastet in der Tiefe ruht.

Zwei Särge für Pater Wichmann

Neuruppin

So soll er also ausgesehen haben – dieser sagenhafte Pater Wichmann. Sein Abbild aus Sandstein steht in einer Nische der einstigen Klosterkirche. Wichmann, ein Grafensohn aus dem Geschlecht derer von Arnstein, war der erste Abt des Ruppiner Dominikaner-Klosters. Genau genommen der Prior, wie in dem Bettelmönch-Orden die Kloster-Vorsteher genannt wurden. Sein Bruder Gebhardt I. hatte die Abtei gestiftet. Um 1250, zu jener Zeit, als Ruppin das Stadtrecht erhielt. Bis ins 16. Jahrhundert hinein fanden in der Kirche Familien-Mitglieder ihre letzte Ruhestätte. Vor knapp 200 Jahren wurde die Gruft zugeschüttet. Das einst so mächtige Grafen-Geschlecht war inzwischen längst erloschen.

Auch Wichmann wurde hier bestattet. Das sagen jedenfalls manche Wissenschaftler. Nein, da widersprechen die Romantiker. Der Kirchenmann liege unter einem 700 Jahre alten Baum begraben. Unter der »Wichmann«-Linde in der Nähe des Seeufers. Gleich in zwei Särgen, will eine Sage wissen. In einem aus Silber und in einem aus Glas. Augenscheinlich ein Hinweis darauf, wie sehr der Geistliche von den Einwohnern geschätzt und verehrt wurde.

Bauern und Bürger, Mägde und Knechte, Arme und Reiche haben ihn schon zu Lebzeiten vergöttert. Ihm wird nämlich eine »soziale Ader« nachgesagt. Medikamente, die Wichmann nach geheimen Rezepten im Klosterlabor herstellte, wurden kostenlos an die Armen verteilt. Schmerzlindernde Wässerchen, Pillen und Pülverchen für große und kleine Leiden. Was allerdings noch mehr zu Buche schlug,

Klosterkirche in Neuruppin um 1860

waren die vielen, wenn auch eher kleinen Wunder, die er vollbrachte. Er konnte trockenen Fußes über Seen laufen. Außerdem verfügte er über die seltene Gabe, mit Tieren zu sprechen. Wie eine Legende berichtet, rettete er mit dieser ungewöhnlichen Fähigkeit das Ansehen des Klosters. Es hatte sich nämlich hochkarätiger Besuch angesagt. Ob unerwartet oder ob der Prior einfach vergessen hatte, den Bruder Küchenmeister davon in Kenntnis zu setzen, ist unbekannt. Jedenfalls gähnten die Speisekammern vor Leere. Der gute Ruf des Klosters als Gastgeber stand auf dem Spiel. In dieser Notsituation begab sich Wichmann ans Seeufer. Er hielt einen Sack ins Wasser und murmelte unverständliche Sprüche. Sofort kamen stattliche Welse und Hechte heran geschwommen und verschwanden im Sack. Das Gastmahl war gerettet. Nach einer anderen Variante weihte Wichmann Küchenmeister Nikolaus in sein geheimes Wissen ein. Mit Zaubersprüchen oder auch mit Gebeten lockte der Ordensbruder die Fische im See so

Klosterkirche Neuruppin heute

nahe heran, dass er sie mit bloßen Händen ergreifen konnte. Noch lange erinnerte in Köln am Rhein ein Gemälde an diesen ungewöhnlichen Fischzug. Es zeigte einen Mönch und einen gewaltigen Wels. Zu lesen war: »frater nicolaus de ruppino«.

In Rom sah man solche Wunder eher mit Skepsis an. Nach Auffassung des Vatikans lagen im Fall Wichmann Wunder und Magie zu dicht beieinander. Deshalb stoppte Rom den Prozess der Seligsprechung. Die Phantasie des Volkes konnte man damit nicht zügeln. Jedes Jahr in der Silvesternacht warteten die Leute von Neuruppin auf ihren Wichmann. Pünktlich zwischen den Jahren, wenn gewissermaßen die Zeit stehen bleibt und sich alles Übernatürliche Bahn brechen kann, fuhr ein seltsames Gefährt in Richtung Klosterkirche. Eine Kutsche, gezogen von vier schneeweißen Schimmeln, Geisterpferden ohne Kopf. Am Ende der Klostergasse stoppte der Wagen. Heraus stieg ein alter Mann, selbst bei eisiger Kälte nur bekleidet mit einer Kutte. Der Greis schaut sich aufmerksam um. Offenbar, um nach dem Rechten zu sehen. Allerdings nur ganz kurz. Wenn das neue Jahr angebrochen war, musste er wieder verschwunden sein.

Seit längerer Zeit hat man ihn nicht mehr gesehen. Vorbei sind seine Kontrollgänge durch den Klosterbezirk. Vielleicht sind ihm die Neuruppiner von heute nicht gläubig genug. Oder der wundertätige Dominikaner-Mönch fühlt sich durch die Silvester-Knallerei einfach genervt.

Die Rache der Hussiten

Neuzelle

Um Mitternacht ist von der Barock-Pracht des Klosters nicht viel zu sehen. Wenn hingegen der Vollmond sein fahles Licht auf den Kreuzgang wirft, wird in Neuzelle das Mittelalter wieder lebendig. Jene Zeit, als hinter den Klostermauern Zisterzienser-Mönche ihre Gebete gen Himmel richteten. Nur von abends acht bis kurz vor zwei herrschte Ruhe über dem Kloster. In dieser Zeit gab es auch für die Mönche ein Recht auf Schlaf. Dann aber wurde es Zeit für das erste Gebet des Tages. Wie in allen anderen Klöstern des Ordens zogen die frommen Männer singend in die Kirche, um den Herrn in Gebeten und Liedern zu preisen.

Über viele Jahrhunderte hinweg konnte man um Mitternacht im Kreuzgang eine ungewöhnliche Erscheinung wahrnehmen. Schemenhaft war ein Mann zu erkennen – gekleidet in eine weiße Kutte mit schwarzer Schürze. Gemessenen Schrittes machte er die Runde. Ab und zu blieb er stehen und schaute sich um. Es soll Abt Petrus gewesen sein, der lange nach seinem Tod keinen Frieden finden konnte. Ein mutiger Kirchenmann, der selbst unter Folter nicht von seinem Glauben abließ und als Märtyrer in die Geschichte einging. Davon war man jedenfalls in den Dörfern um Neuzelle fest überzeugt. Inzwischen ist die rätselhafte Erscheinung kaum noch Gesprächsthema. Gesehen hat den wandelnden Petrus schon lange niemand mehr. Selbst früher haben ihn nur einige wenige Zeitgenossen tatsächlich wahrgenommen. Denn wer hielt sich schon zu so ungewöhnlicher Stunde in einem Kloster auf? Daneben gibt es noch eine andere Version dieser

Sage. Der da durch den Kreuzgang wandele, sei ein Laienbruder namens Koch, heißt es. Der gute Mann soll die Klosterkirche vor der Zerstörung gerettet haben.

In einem ist man sich weitgehend einig: Es war das Jahr 1429, als Hussiten das knapp 30 Kilometer südlich von Frankfurt (Oder) gelegene Kloster Neuzelle plünderten. Möglicherweise am 2. Oktober, ganz genau weiß das niemand.

Mitteleuropa befand sich damals in hellem Aufruhr. Wieder einmal durchzogen Hussiten-Heere mordbrennend die Lande. Noch immer nahmen die Anhänger von Jan Hus blutige Rache für den Tod ihres Religionsführers. Dabei war es inzwischen fast 15 Jahre her, dass der Prager Theologie-Professor und Glaubensreformer auf dem Scheiterhaufen von Konstanz den Feuertod erlitten hatte.

Bislang hatten sich die Kämpfe zwischen den böhmischen Glaubenskriegern und den Verteidigern der Papstkirche auf Böhmen, Bayern und Franken konzentriert. Jetzt war eine beachtliche Streitmacht in Sachsen eingedrungen. Erst entlang der Elbe, dann über Neiße und Spree in Richtung Lausitz. Guben wurde geplündert und ging in Flammen auf. Dann überfielen die Hussiten eines Tages auch das Kloster Neuzelle. Dabei galten im Mittelalter Abteien als »Inseln des Friedens«. Man achtete ihre Neutralität, nicht selten handelten deshalb hier verfeindete Parteien Friedensverträge aus oder es wurden wichtige Urkunden besiegelt. Ganz anders in den Hussiten-Kriegen. Der Zorn der gut ausgebildeten und energiegeladenen Krieger richtete sich besonders auf die Mönche. Völlig unabhängig davon, welchem Orden sie angehörten. Der Gedanke an reiche Beute spielte dabei wahrscheinlich eine Rolle. Das war sicher 1429 bei dem Überfall auf Neuzelle nicht anders.

Die Mönche wurden erst einmal festgesetzt. Unter Androhung von Folter wollte man sie zwingen, den katholischen Glauben abzu-

Klosterkirche St. Marien in Neuzelle

legen und sich zu den Lehren von Jan Hus zu bekennen. Neben Abt Petrus und Prior Hermann sind die Namen der Mönche Jakob und Bursavius überliefert. Weil sie einen Glaubenswechsel verweigerten, wurden ihnen Hände und Füße abgehackt. Ein 500 Jahre altes Pergament zeigt insgesamt acht Geistliche ohne Hände. Besonders grausam verfuhr man mit dem Abt, einem eben erst 21-jährigen Mann. Ihm trieb man einen Nagel in den Kopf, so dass er qualvoll sterben musste. Offenbar hat keiner der Gemarterten seinen Glauben verraten, und deshalb erlitten sie allesamt den Märtyrertod. Mit dem 2. Oktober hat die katholische Kirche Abt Petrus von Neuzelle einen besonderen Gedenktag eingerichtet.

Nachdem die Hussiten das Kloster geplündert hatten, wurden Abtshaus und Wirtschaftsgebäude niedergebrannt. Bevor die Kriegsknechte Neuzelle wieder verließen, steckten sie noch das Gotteshaus an. Einigen Klosterbewohnern war die Flucht gelungen. Darunter auch dem erwähnten Laienbruder Koch aus Schlaben. Der hatte sich auf dem Dachboden der Kirche versteckt. Als die Hussiten abrückten, begann er die Flammen zu löschen. Mit Erfolg, denn bald war das Feuer erstickt und die Gebäudeschäden hielten sich in Grenzen. Zum Dank für seine mutige Tat wurde Koch ein besonderes Privileg verliehen. Das Gut seiner Verwandten in Schleben wurde »bis in alle Ewigkeit« von Steuern und Diensten befreit. Seit 1736 erinnert eine Christus-Säule in der Kastanienallee am Klosterteich an die Gräueltaten der Hussiten. Sie steht an der Stelle, an der Abt Petrus den Tod fand.

Doch die Ruhe vor den Hussiten war damals nicht von langer Dauer. Zwei Jahre später brachen wieder Glaubenskrieger aus Böhmen in die Lausitz ein. Mit 10 000 Reitern, 20 000 Mann an Fußvolk und 3000 Kriegswagen.

Diesmal ging es noch weiter in Richtung Norden. Nach Frankfurt (Oder) und Strausberg, Bernau und Altlandsberg. Bis in die Gegend von Eberswalde. Auf dem Marsch ins nordöstliche Brandenburg wurde alles geplündert, was am Wege lag und sich nicht verteidigen konnte. Neuzelle traf es innerhalb kurzer Zeit zum zweiten Mal.

Erst nach und nach wurde das Kloster wieder aufgebaut. Selbst nach der Reformation blieb es bestehen. Es gehörte nämlich lange Zeit zum Königreich Böhmen, einem Erbland des katholischen Kaiserhauses Habsburg in Wien. Erst 1817 wurde es offiziell aufgelöst.

Bis heute bestimmt die prachtvolle Klosterkirche die Ansicht von Neuzelle. Im 18. Jahrhundert war das Kloster wieder zu Reichtum gekommen und konnte dadurch den kostspieligen Umbau der Kirche finanzieren. Zwischen 1730 und 1745 hinterließen fast ausschließlich ausländische Künstler ihre Spuren. Darunter der Italiener Vanet mit seinen beeindruckenden Decken- und Wandgemälden zu Themen aus dem Alten Testament. Die meisten Künstler kamen aber aus Böhmen. Wie 300 Jahre zuvor die Hussiten.

Gerettet von der schönen Äbtissin

Prenzlau

Jung und schön sei sie gewesen. So heißt es jedenfalls in einer Sage. Dagegen spricht eine andere Überlieferung von einer älteren und würdigen Dame. Beide Male ist die Äbtissin vom Sabinenkloster in Prenzlau gemeint. Die gute Frau gehört zur Stadtgeschichte wie der Roland, der einst vor dem Rathaus stand. Noch Jahrhunderte später lobte man sie als »die schöne Äbtissin« vom Uckersee. Irgendwann im Mittelalter leitete sie die Geschicke des Klosters. Wie ihre Mitschwestern gehörte die schöne Äbtissin dem Maria-Magdalena-Orden an. Wenn nicht zu dieser Zeit bereits ein Ordenswechsel stattgefunden hatte. Denn spätestens seit 1291 ist von Benediktinerinnen die Rede, wenn es um das Kloster geht. Dabei ehrte man in Prenzlau noch lange die Heilige Maria Magdalena mit einem eigenen Fest– ein für die Uckermark recht seltener Umstand. Wann man den Orden wechselte, weiß niemand genau. Wahrscheinlich um 1250, als die brandenburgischen Askanier in Prenzlau Landesherren wurden. Urkunden gibt es nicht. Selbst die Sabinenkirche, die einstige Klosterkirche, kann kaum darüber Auskunft geben. Im Grunde hat ohnehin nur der Ostteil des Gotteshauses die Zeiten überdauert. Mit der typischen Drei-Fenster-Gestaltung des Giebels. Alle anderen Gebäude sind im Laufe der Jahre abgetragen worden. Die Kirche am Ufer des Unteruckersees erhielt im Wesentlichen ihre heutige Form erst im frühen 19. Jahrhundert. Der Fachwerkturm stammt ebenfalls aus dieser Zeit.

In diesem Kloster lebte einer Sage zufolge die schöne Äbtissin. Gemeinsam mit ihren Schwestern kümmerte sie sich um das geistliche

Wohlergehen der Menschen in Prenzlau und in den umliegenden Dörfern. Dazu gehörte auch Röpersdorf auf der anderen Seite des Sees. Dorthin hatte sich eines Tages die Äbtissin zu einem Krankenbesuch aufgemacht. Wie gewohnt ließ sie sich mit einem Fischerboot übersetzen. Der See führte wahrscheinlich gerade Hochwasser. Nirgendwo ließ sich sicher anlegen. Und schon gar nicht konnte die Äbtissin trockenen Fußes ans Ufer gelangen. Das alles hatte ein Bauer mit angesehen. Sein Name soll Dinneis gewesen sein. Der überlegte nicht lange und stieg ins eiskalte Wasser. Er nahm die Frau auf den Rücken und trug sie ans Land.

Als die Äbtissin zurückkam, wartete der brave Mann noch immer. Wieder ging es huckepack zurück zum Kahn. Hocherfreut über die Hilfe segnete die Äbtissin den Bauern. Und sie bot ihm Hilfe an. Immer, wenn er nicht mehr weiter wisse, könne er nach ihr rufen. Nach einem »Ach, dass mir Hilfe käme!« würde sie herbeieilen. Er solle sich aber hüten, sie bei Belanglosigkeiten anzurufen.

Ein Notfall trat kurz darauf ein. Die Frau des Bauern sah Mutterfreuden entgegen. Doch die Geburt wurde zu Stunden zwischen Leben und Tod. Als der Bauer nicht mehr ein noch aus wusste, rief er die Äbtissin an. Die schöne Frau erschien auf der Stelle. Sie legte der leidenden Bäuerin die Hand auf die Stirn. Sofort hatten die Schmerzen ein Ende. Ohne weitere Komplikationen erblickte ein kräftiger Junge das Licht der Welt. Kaum hatte die Nonne Mutter und Kind gesegnet, da war sie schon wieder verschwunden.

Und noch einmal nahm Dinneis die Hilfe der edlen Frau in Anspruch.

Zu einem Zeitpunkt, als die schöne Äbtissin bereits das Zeitliche gesegnet hatte. Der Bauer war sich unsicher, ob er sie trotzdem um Beistand anrufen sollte. Ein großes Unglück hatte ihn und seine Familie getroffen. Ein Blitz war auf seinem Hof eingeschlagen. Wohnhaus,

Feldsteinkirche des Sabinenklosters in Prenzlau

Stall und Scheune brannten bis auf die Grundmauern nieder. Die Familie stand vor dem Nichts.

Auch diesmal wurde sein Hilferuf »Ach, dass mir Hilfe käme!« erhört. Erneut kam die Rettung in Gestalt der tiefverschleierten Nonne. Sie nahm den verblüfften Bauern an die Hand und führte ihn zur Röpersdorfer Dorfkirche. In der Sakristei zog die Äbtissin einen Stein aus der Wand. »Dreimal darfst du hineinlangen und dir nehmen, so viel du nötig hast.« Drei Handvoll Goldmünzen entnahm Dinneis der eigentümlichen Schatzkammer. Noch bevor er dazu kam, sich zu bedanken, war seine überirdische Begleiterin verschwunden. Mit dem Geld konnte er seinen Hof wieder aufbauen. Bald gehörte er zu den wohlhabendsten Bauern des gesamten Landstrichs.

Als Dinneis hochbetagt am Ende seiner Tage angelangt war, plagten ihn Krankheiten und schwere Schmerzen. Sein Bett konnte er nicht mehr verlassen. Nichts lieber wünschte er sich als einen schnellen Tod. Doch der Sensenmann wollte und wollte nicht kommen. In seiner Not rief er wieder nach der schönen Äbtissin.

Tatsächlich erschien die Frau, nur für ihn sichtbar. Sonst nahm sie keiner der anderen Anwesenden wahr. Er wolle »abscheiden«, eröffnete er ihr. Um beim Herrn im Himmel Aufnahme zu finden. Sie trocknete ihm den Schweiß auf der Stirn. Gleich wurde ihm spürbar leichter. Im vollen Besitz seiner geistigen Kräfte und ohne Schmerzen verabschiedete er sich von der Familie und starb einen friedlichen Tod.

Lange hat man in Prenzlau – und nicht nur dort – danach gefragt, weshalb das Gotteshaus den Namen Sabinenkirche trägt. Sie ist die einzige Kirche in ganz Deutschland, die so benannt ist. Nicht nur einmal wurde vermutet, dass die schöne Äbtissin die Namensgeberin sein könnte. Aber das ist schon zeitlich nicht möglich. Das Gotteshaus mit dem ungewöhnlichen Namen gab es nämlich bereits, bevor es zur Klosterkirche erhoben wurde.

Auch die Heilige Sabina, eine römische Märtyrerin aus der frühen Christenzeit, kommt wohl nicht als Namensgeberin in Frage. Der Heiligen-Kalender der katholischen Kirche kennt außerdem noch zwei Herren namens Sabinus. Sabinus von Spoleto, der 303 bei der großen Christenverfolgung ums Leben kam, und Sabinus von Piacenza, einen wundertätigen Bischof. Was den Heiligen aus Piacenza anbelangt, könnte der durchaus für Prenzlau von Interesse gewesen sein. Der gute Mann konnte nämlich Hochwasser bannen. In Italien wird noch heute zu ihm um Hilfe gebetet, wenn Flüsse über ihre Ufer treten.

Vielleicht überzeugte sein Ruf als Wasserbändiger so sehr, dass sein Name bis in die Uckermark drang. Und Probleme mit den Uckerseen gab es anno dazumal mit großer Regelmäßigkeit.

Der Blutfleck in der Klosterkirche

Rehna

Lange war er noch zu sehen. Dieser Blutfleck in der Klosterkirche von Rehna. Man konnte schrubben und scheuern, ihn übermalen, immer wieder kam er zutage. Nicht einmal Abspachteln soll geholfen haben. Die blutrote Mahnung an ein Leben voller Zucht und ohne Sünden blieb. Das Blut erinnerte die Mönche und Nonnen von Rehna an die strengen Regeln des Heiligen Benedikt, die es für ein Leben hinter Klostermauern streng zu befolgen galt. Auch wenn sich nicht alle daran hielten.

So wie an jenem Karfreitag, an dem sich der unglaubliche Vorfall ereignete. Im Seitenschiff spielten ein Mönch und ein Laienbruder Karten. Und das an einem der höchsten Feiertage der Christenheit! Möglicherweise sogar zu eben der Stunde, in der Jahrhunderte zuvor der Gottessohn zu Jerusalem ans Kreuz geschlagen worden war. Die Strafe für den Frevel folgte auf dem Fuße. Der Laienbruder erhielt von unsichtbarer Hand eine so gewaltige Ohrfeige, dass sein Kopf zertrümmert wurde. Blut und Gehirn spritzten an die Wand. Ohne noch einmal zu Bewusstsein zu kommen, starb der Mann. Der Mönch kam mit dem Schrecken davon. – Was aber haben Männer in einem Frauenkloster zu suchen? Rehna gehörte schließlich zum Zisterzienserinnen-Orden. Vielleicht war der Mönch der Beichtvater der Nonnen. Oder er hatte mit ihnen an diesem Karfreitag die Heilige Messe gefeiert. Genaues weiß man nicht.

Auch nicht über jenen Bruder Ernst, der das Kloster Rehna gegründet haben soll und als Bruder Ernestus in lateinischsprachige Chroniken

Klosterkirche in Rehna

und in die norddeutsche Sagenwelt eingegangen ist. Von Ratzeburg aus – die Stadt gehört heute zu Schleswig-Holstein – hat sich der Mönch wahrscheinlich 1236 auf den Weg gemacht, um am Ufer des Flüsschens Radegast eine Abtei zu gründen. Nicht, wie es allgemein üblich war, in einer menschenleeren und unwirtlichen Gegend, sondern in einem Dorf an der Straße von Lübeck nach Schwerin.

Der Herrschaftsbereich der Bischöfe von Ratzeburg trug damals einen schweren Makel. Er galt als »unfruchtbar«. Damit waren nicht die Sümpfe und Wälder gemeint. Auch nicht der ausbleibende Kindersegen. Gemeint war vielmehr die fehlende Bereitschaft der meist slawischen Bewohner, das Christentum vollständig anzunehmen. Vor allem fehlte es an Klöstern, wie man meinte. Nur wenige Gründungen konnten sich auf Dauer halten.

Also »verordneten« Fürst Johann von Mecklenburg und Bischof Petrus von Ratzeburg der slawischen Siedlung Rehna ein Kloster. Ob die Nonnen anfangs dem Orden der Benediktiner angehörten oder dem der Zisterzienser, ist unbekannt. Auch die Gründe, weshalb man später zu den Prämonstratensern übertrat, liegen im Dunkeln. Viel wird sich dadurch für die Bewohnerinnen nicht geändert haben.

Weltliche und geistliche Fürsten ließen sich Kloster Rehna etwas kosten. Ansehnliche Ländereien und ganze Dörfer wurden den Nonnen übereignet. Dabei war das Kloster nicht sonderlich groß. Sogar in den Blütezeiten lebten wahrscheinlich nicht als mehr als zwei Dutzend

Klosteranlange mit Klosterkirche in Rehna

Prämonstratenserinnen hinter den Klostermauern. Als 1552 das Kloster aufgelöst wurde, waren es lediglich noch neun Ordensschwestern. Das Anwesen wurde zum Schloss umgebaut und von den Witwen der Mecklenburger Herzöge als Alterssitz genutzt.

Einen guten Ruf hatte Rehna nachgewiesenermaßen beim mecklenburgischen Adel. Kaum eine Familie aus der nahen und fernen Umgebung, die nicht ihre Töchter hierher zur Erziehung schickte. Die Patrizier in den Hanse-Städten standen dem nicht nach. Je mächtiger und vor allem reicher die Kaufleute wurden, umso mehr bürgerliche Namen waren unter den Klosterschwestern zu finden.

Zurück zu Bruder Ernestus! Diesen Namen hat man trotz emsiger Suche in den Analen von Ratzeburg nicht finden können. Vielleicht wird deshalb noch eine andere Sage erzählt, wonach zu jener Zeit ein Räuber die Gegend um Ratzeburg unsicher gemacht habe. Gewissermaßen über Nacht sei der gefürchtete Verbrecher dann spurlos verschwunden. Möglicherweise ist er der sagenhafte Mönch und

Klostergründer. Vielleicht fand er in Rehna Unterschlupf und tat Buße für sein bisheriges Leben.

In manchen Nächten soll sich eine männliche Gestalt im Kreuzgang zeigen. Dabei könnte es sich um diesen Bruder Ernst handeln, der wegen seiner Untaten als Wegelagerer nach dem Tod keine Ruhe findet. Oder es ist Radegast. Der slawische Gott, nach dem das Flüsschen in Rehna benannt ist. Radegast galt den Elb- und Ostseeslawen als Kriegsgott und Gebieter des Lichtes. Seine Heiligtümer zu schänden, stellte einen besonderen Frevel dar. Es wird berichtet, dass ein christlicher Priester alle Warnungen missachtete und eine Radegast-Figur zerstörte. Ein Prinz aus dem Hause Mecklenburg wurde Augenzeuge der Tat und erschlug den Frevler. Allerdings wohl nicht in Rehna. Im Sterben stieß der Priester einen fürchterlichen Fluch aus. Der schöne Prinz solle sich in einen hässlichen Kobold verwandeln. Was sofort geschah. Seither spukt der Unglückliche auf der Schlossinsel im Schweriner See umher, der Heimstätte seiner Väter. Das Volk hat ihm den Namen Petermännchen gegeben.

Was aber hat das alles mit Rehna zu tun? Die Sage will wissen, dass der verwunschene Prinz in einem mecklenburgischen Frauenkloster aufgewachsen ist. So viele Orte kommen dafür nicht in Frage. Deshalb hat das Petermännchen möglicherweise nicht nur in Schwerin zu spuken, sondern auch im Kreuzgang von Rehna.

Gleichwohl kann der Prinz auf Erlösung hoffen. Wenn es einem Christenmenschen gelinge, die Mordwaffe vom Blut des erschlagenen Priesters zu reinigen, dann sei der Bann gelöst. Die Blutflecken aber verwandelten sich gleich nach der Tat zu Rost und waren augenscheinlich bis heute nicht zu entfernen.

Auch fromme Lügen haben kurze Beine

Rostock

Knapp zehn Meter lang ist das Gemälde im Kreuzgang des Klosters zum Heiligen Kreuz. Es zeigt die Gründung der einstigen Zisterzienserinnen-Abtei. Nur wenige Schritte von der Universität entfernt, hat das Frauenkloster alle Widrigkeiten der Zeitläufe überstanden. Gewiss, Teile des Klosters sind »verschwunden«, wurden abgetragen. Andere Gebäude kamen dazu. Auch nach der Reformation, als die Nonnen das Kloster längst verlassen hatten.

Die Gründungslegende allerdings blieb. Keiner Geringeren als einer dänischen Königin soll Rostock das Frauenkloster zu verdanken haben. Das belegt eine Urkunde, datiert vom 22. September 1270.

Unterzeichnet ist die Urkunde von Königin Margarete Sambiria von Dänemark, der Herzogin von Pommerellen. Genannt »de swarte gret« – die Schwarze Grete. Oder auch Margarete das Pferd. Denn über Kräfte wie ein Ross soll die hochadlige Frau verfügt haben. Und wie die Überlieferung wissen will, hat sie nicht gezögert, Kraft und Verstand gegen ihre Feinde einzusetzen. Sogar auf dem Schlachtfeld stand die Frau ihren Mann. Das war damals ungewöhnlich. Doch ihr Vater, Herzog Sambor II. von Pommerellen, hatte sie erzogen wie einen Jungen. Durch ihre Ehe wurde Margarete Dänemarks Königin. Ihr Mann Christof lag ständig in Fehde mit seinen Nachbarn. Besonders mit dem Erzbischof von Lund befand er sich im Dauerstreit. Nach Christofs Tod – man vermutet durch einen Giftmord – setzte Margarete die blutigen Fehden fort. Als sie auch Kirchenbesitz enteignete und ihn der Krone zuschlug, wurde sie aus der Kirche ausgestoßen.

Das wollte die energische Frau nicht einfach hinnehmen. Sie erinnerte sich an König Heinrich IV. und dessen Gang nach Canossa. Also begab sich Margarete auf eine Pilgertour nach Rom. Vor dem Papst gelobte sie Besserung. Mehr noch: Sie versprach, nach ihrer Rückkehr ein Kloster zu stiften. Der Bischof von Rom revanchierte sich: Er übergab Margarete eine wertvolle Reliquie – einen Holzspan vom Heiligen Kreuz. Gewissermaßen die Erstausstattung des künftigen Frauenklosters.

Auf der Rückfahrt geriet Margaretes Schiff in ein gefährliches Unwetter. Nördlich von Rostock, wo heute der Stadtteil Schmarl liegt. Bei dem Sturm ging ihr Lieblingshund über Bord. Das Tier wurde glücklicherweise gerettet. Der Name Hundsburg erinnert an den vierbeinigen Liebling der Königin.

Ursprünglich wollte Margarete hier das versprochene Kloster errichten lassen. Das wäre im Sinne des Ordens gewesen. Die Zisterzienser-Regeln favorisierten für ihre Abteien Standorte weitab vom städtischen Getriebe, die frommen Männer und Frauen ließen sich darum gern in undurchdringlichen Wäldern und zwischen Sümpfen nieder. In Gegenden, die erst noch urbar gemacht werden mussten. Doch man – wer auch immer – redete das der königlichen Majestät aus und riet ihr zu einem anderen Bauplatz. Nämlich in Rostock selbst, gleich neben der Stadtmauer. Die Klosterkirche, heute ein kulturhistorisches Museum, entstand Anfang des 14. Jahrhunderts.

Bis zu hundert Nonnen sollen zu seiner Blütezeit im Kloster zum Heiligen Kreuz gelebt haben. Auch Margarete verbrachte hier die letzten Jahre ihres Lebens. Gestorben ist die Königin im Dezember 1282. Ihre letzte Ruhestätte fand die Swarte Gret im Doberaner Münster.

So weit, so gut. Wenn sich nicht die Urkunde über die Klosterstiftung im Jahre 1270 als Fälschung erwiesen hätte. Wer die frommen Betrüger – oder Betrügerinnen – gewesen sind, wird sich nicht mehr

Kloster zum Heiligen Kreuz in Rostock

ermitteln lassen. Wahrscheinlich waren es gutbetuchte Bürger der Hansestadt Rostock, die die Urkundenfälschung in Auftrag gaben. Um mit ihrer Hilfe das Kloster aufzuwerten. Denn eine gekrönte Stifterin gehört im deutschen Nordosten eher zu den Ausnahmen.

Der »Fehltritt« der Nonne

Rühn

Helle Aufregung herrschte im Hause des Kammerherrn Friedrich von Voß. Man schrieb das Jahr 1899. Ein sensationeller Skelett-Fund erregte in Rühn und Umgebung die Gemüter. Im einstigen Zisterzienserinnen-Kloster hatte man die sterblichen Überreste der legendären Rühner Nonne entdeckt. Ein weibliches Skelett – eingemauert im Kreuzgang der Abtei. Zu jener Zeit gehörte der Kloster-Komplex der Familie von Voß. Ein weitläufiges Anwesen aus dem Mittelalter, ungefähr ein halbes Dutzend Kilometer vom mecklenburgischen Kleinstädtchen Bützow entfernt. Nach der Reformation war so manches Gebäude abgetragen worden. Nicht aber die 800 Jahre alte Klosterkirche und Teile der Wohnstätten der Nonnen. Gewissermaßen als Verbindung diente der Kreuzgang, dort hatten die Handwerker bei Restaurierungsarbeiten die erwähnten Gebeine gefunden. Die Fundstelle selbst überraschte nicht. Im Kreuzgang hatte man lange Zeit ein grauenhaftes Stöhnen vernehmen können. Vor allem in hellen Mondnächten ließ sich das Klagen einer Frau nicht überhören. Das unglückliche Mädchen soll in die Wand eingemauert worden sein, weiß eine Sage zu erzählen. Ein grausames Schicksal am Ende eines nur kurzen Lebens.

Der Name der jungen Nonne ist unbekannt, doch schön soll sie gewesen sein. Und einem Ritter aus der Famile von Bülow in leidenschaftlicher Liebe zugetan. Ihr Vater wollte oder konnte sie aber offenbar nicht mit einer standesgemäßen Mitgift ausstatten. Deshalb brachte er das Mädchen zu den Zisterzienserinnen, auf dass sie künftig auf alle weltlichen Freuden verzichte. Ihr Liebhaber wollte sich damit nicht abfinden. Er beschloss, das Mädchen zu befreien. Er verdingte sich als Knecht auf dem Klosterhof, um nach dem besten Weg für eine Flucht zu suchen. Als er seine Geliebte in die Einzelheiten seines Planes einweihte, hörte eine greise Ordensschwester seine Worte mit an. Die hatte nichts Eiligeres zu tun, als die Priorin zu informieren. Die fromme Klosterfrau traf alle notwendigen Vorbereitungen, um das Vorhaben zu verhindern. Und als dann der junge Ritter tatsächlich in einer stürmischen Herbstnacht die Klostermauer überstieg, erwartete man ihn bereits. Bogenschützen hatten Aufstellung genommen und schossen auf den Wehrlosen. Ein Bolzen traf ihn tödlich.

Die Nonne wurde in Haft genommen. Sie sei schuldig, entschieden die Richter. Auf Verbrechen wie die Flucht aus einem Kloster könne nur die Todesstrafe stehen. Da half der jungen Frau auch das Geständnis nicht, dass sie ein Kind unter ihrem Herzen trage. Der Bischof von Schwerin gewährte ihr lediglich einen Aufschub für die Vollstreckung des Urteils. Erst nachdem sie entbunden hatte, sollte sie dem Henker und seinen Knechten überantwortet werden.

Die Nonne brachte ein gesundes Kind zur Welt. Gleich nach der Geburt wurde es, wie die Sage weiter erzählt, einer »nichtsahnenden, kinderlosen Blöden« übergeben. Der Henker aber waltete seines Amtes. Die unglückliche Frau wurde lebendigen Leibes in die Wand des Kreuzganges eingemauert.

Die Fälscher von der Stepenitz

Stepenitz

Das Nonnen-Kloster lag weitab wichtiger Straßen. Eigentlich ideal, um die Regeln des Heiligen Benedikt einzuhalten. Regeln, die Beten und Arbeiten in den Mittelpunkt des Zisterzienserinnen-Lebens stellten. Gewiss hatten das die Gans Edlen zu Putlitz im Auge, als sie anno 1231 am Flüsschen Stepenitz ein Kloster stifteten. Außerdem war sicher daran gedacht, damit eine Grabstätte für die mächtige Adelsfamilie zu schaffen. Die Nonnen sollten hier für das Seelenheil der Familie der Gans Edlen Herren zu Putlitz beten. Es überrascht, dass man im Kloster nie Gräber der Familie gefunden hat. Der nächste, größere Ort ist die Stadt Meyenburg, wobei das Attribut größer mit Vorsicht verwendet werden muss. Heute leben in Meyenburg nur etwas mehr als 2000 Menschen. Im Mittelalter sind es mit Sicherheit noch viel, viel weniger gewesen.

Die Schar der Pilger, die aus den unterschiedlichsten Gründen das Kloster aufsuchten, hielt sich sehr in Grenzen. Damit auch die Höhe der Spenden. Eine Heilig-Blut-Reliquie könnte Abhilfe schaffen, hoffte man daher wohl nicht zu Unrecht.

Dieser Tropfen Blut, den Jesus Christus am Kreuz vergossen haben soll, hatte bei seiner Ankunft im Prignitzer Kloster Marienfließ bereits eine abenteuerliche Reise hinter sich. Kaiser Otto IV. soll die Reliquie von einer Pilgerreise aus dem Heiligen Land mitgebracht haben. Als Geschenk eines Sultans, der damals in Jerusalem herrschte. Nach dem Tod des Kaisers – er starb 1215 – wurde sie von einem einstigen Vertrauten des Kaisers gestohlen. Dieser Edelmann vermachte sie Ritter Johann Gans zu Putlitz. Der Edelmann wiederum übereignete den

Klosterkirche in Stepenitz

Innenraum der Klosterkirche

wundertätigen Blutstropfen seinem Hauskloster. Wahrscheinlich auch, um das Wirken der Nonnen an der Stepenitz aufzuwerten. Das alles ist in einer Urkunde nachzulesen, die auf das Jahr 1256 datiert ist. Leider, hat die Wissenschaft herausgefunden, ist das Dokument gefälscht. Otto hat zwar ernsthaft Reisepläne erwogen, war aber nie im Heiligen Land. Wohl aber sein Vater, der legendäre Herzog Heinrich der Löwe, der sich 1172 in Jerusalem aufhielt. Viele Reliquien soll er nach Deutschland mitgebracht haben. Die wurden vor allem in den Kirchen von Lübeck und Braunschweig zur Schau gestellt. Die gefälschte Urkunde ist dennoch außerordentlich aufschlussreich. Sie ist keineswegs unpolitisch. In dem spätmittelalterlichen Dokument »werden die Zustände der Zeit beklagt. Die christliche Nächstenliebe lasse nach, der christliche Geist richte sich auf Vergängliches und Unsicheres. Habsucht mißbrauchte die kirchlichen Sakramente. Das

Bollwerk Gottes, Marienfließ, wurde, nachdem sich der Besitz desselben vermehrt hatte, durch jüdischen Zorn untergraben«.

Die letzte Aussage ist ein Hinweis darauf, dass die Urkunde ein ganzes Stück später als 1256 entstanden sein muss. In der genannten Zeit war in der Prignitz Judenfeindlichkeit kein Thema. Noch kein Thema.

1369 wird die Blutreliquie erneut schriftlich erwähnt. Sogar mit Ortsangabe. Die Reliquie befand sich damals im Chorraum, in einer Nische, davor brannte ein sogenanntes ewiges Licht.

Am Ende hat der fromme Betrug wenig gebracht. Selbst in Blütezeiten des Klosters wurden nur zehn Nonnen gezählt. Zu groß war die Konkurrenz aus der unmittelbaren Nachbarschaft. Das Kloster Heiligengrabe verfügte, wie der Name verrät, über ein eigenes »Heiliges Grab«. Und das heutige Bad Wilsnack konnte mit einem Hostien-Wunder aufwarten. Wilsnack wurde innerhalb weniger Jahre zu einem der bekanntesten Pilgerorte in ganz Europa. Da half den Stepenitzer Nonnen auch ein wundertätiges Marienbild nicht. Das Gemälde soll das Flüsschen Stepenitz um 1400 angespült haben. Es erhielt einen Ehrenplatz in der Klosterkirche. 150 Jahre lang kamen Gläubige, um davor Hilfe und Beistand durch die Muttergottes zu erbitten.

Sowohl der heilige Blutstropfen als auch das Gnade bringende Marien-Bildnis sind verschwunden. Wahrscheinlich während der Reformation. Danach verfielen die Kloster-Gebäude und wurden abgetragen. Übrig geblieben ist die alte Zisterzienser-Kirche. Ein gotisches Bauwerk aus Backsteinen. Der Chor stammt aus dem späten 13. Jahrhundert. Und wer genau hinsieht, kann an der Nordseite des Gotteshauses ein zugemauertes Portal finden. Von hier aus betraten die Nonnen die Kirche. Zu ihren Gebeten – täglich mindestens sieben Mal.

Mord an der Peene

Stolpe

An der Landstraße zwischen Anklam und Jarmen steht ein Stein. Ein uralter Gedenkstein, der an eine längst vergessene Bluttat erinnert. Genau an dieser Stelle ist 1136 Wartislaw I. ermordet worden, der Herzog von Pommern. Auf ein genaues Datum wollen sich die Gelehrten nicht festlegen. Die Untat könnte durchaus auch ein paar Jahre später verübt worden sein. Auf jeden Fall aber vor dem sogenannten Wenden-Kreuzzug von 1147. Die Bildnisse auf dem Stein sind nur schwer zu erkennen. Ein Füllhorn und ein Kreuz sind eingeritzt, auf der anderen Seite ein Mensch. Das Kreuz könnte ganz allgemein für das gesamte Christentum stehen, das Horn als Symbol für die slawisch-heidnischen Fürsten aus der Pommern-Dynastie. Die Figur trägt einen knielangen Mantel und ist möglicherweise der Ermordete selbst. Eine Inschrift sucht man vergebens. Wer immer diesen Stein setzen ließ, ging wohl davon aus, dass die überwältigende Mehrheit seiner Zeitgenossen weder lesen noch schreiben konnte.

Dieser Wartislaw, manchmal auch Wratislaw genannt, war der erste Herrscher aus der Greifen-Dynastie, der zum Christentum übertrat. Er rief Bischof Otto von Bamberg ins Land, um von ihm seine Untertanen taufen zu lassen. Von Wratislaw selbst, berichtet die Legende, verlangte der Missionsbischof, von den 24 Nebenfrauen abzulassen und sich seinem rechtmäßig angetrauten Eheweib zuzuwenden.

Ein Großteil des Adels fand sich schnell mit dem neuen Glauben ab, nutzte die Vorteile des Christentums. Das einfache Volk betete hingegen noch lange zu den alten Göttern. Es sah in Wartislaw einen

Abtrünnigen, der seinen Glauben verraten hatte. Das könnte durchaus ein Grund dafür gewesen ein, dass, wie die Überlieferung erzählt, ein slawischer Adliger vom Stamme der Lutizen den Herzog ermordete. Andere Versionen schreiben die Bluttat einem heidnischen Priester zu oder einem ehemaligen Bediensteten. Dabei ist nicht völlig ausgeschlossen, dass Wartislav das Opfer von Machtkämpfen innerhalb der Herzogsfamilie wurde.

Als der Mord geschah, befand sich Wartislaw auf einem Jagdausflug in der Nähe des heutigen Dorfes Grüttow. Er nächtigte unter freiem Himmel. Der Fürst schlief unter einem Baum, als ihn ein Dolchstoß oder ein Schwertschlag traf. Vor seinem letzten Atemzug nahm der schwer verwundete Herzog noch einmal all seine Kräfte zusammen. Wie die Sage wissen will, wehrte sich der Sterbende verzweifelt und soll seinem Mörder den Unterkiefer herausgerissen haben. So kam also auch der Attentäter ums Leben.

Wartislaws Bruder Ratibor I. und dessen Fau Pribislawa stifteten zum Andenken an den toten Fürsten ein Kloster. Und zwar 1153. Die ersten Mönche kamen aus der Benediktiner-Abtei Berge bei Magdeburg. Viel übrig geblieben ist nicht vom Kloster in Stolpe. Von der dreischiffigen Feldstein-Basilika kann man lediglich den unteren Teil des Turmes erkennen.

Mit großer Wahrscheinlichkeit ist das Mordopfer in Stolpe an der Peene bestattet worden. Wo der Fürst tatsächlich seine letzte Ruhestätte gefunden hat, konnte bisher nicht geklärt werden. Zunächst ist wohl an eine Kapelle zu denken, die man auf dem heutigen Friedhof suchen muss. Dort wurde später eine Kirche errichtet. Auch sie hat die Zeitläufe nicht überdauert. Möglicherweise stand das Gotteshaus dort, wo sich heute die ebenfalls aus dem Mittelalter stammende Friedhofskapelle befindet, die noch bis vor wenigen Jahren genutzt wurde.

Wartislawstein

Ruine der Klosterkirche St. Johannes

Es könnte auch sein, dass Watislaw später in der Klosterkirche beigesetzt wurde. In einer Fürstengruft oder in unmittelbarer Nähe des Hochaltars. Dass Stolpe eine letzte Ruhestätte für andere Angehörige aus der Herzogsfamilie war, belegen Urkunden.

Obwohl Stolpe einst zu den ältesten und einflussreichsten Klöstern in Vorpommern gehörte, hat hier der vielzitierte Zahn der Zeit ganze Arbeit geleistet. Vor allem nach der Reformation, als aus dem Kloster ein herzogliches Amt wurde, eine Art Versorgungsbetrieb für die Fürstenfamilie.

Bei einem Gefecht zwischen schwedischen und kaiserlichen Truppen im August 1637, mitten im Dreißigjährigen Krieg, wurde der Gebäude-Komplex in Brand geschossen. Einige Teile konnten später noch einige Zeit weiter genutzt werden. 1793 stürzte der Turm in sich zusammen. Später wurden die Gebäude zum Abriss freigeben. Viele der Steine sind in diesem oder jenem Bauernhaus in den umliegenden

Dörfern zu finden. Vermutlich tragen Holzbalken aus dem Kloster Dächer von Bürgerhäusern in Anklam. Jedenfalls ist der denkmalgeschützte Fährkrug in Stolpe nachweisbar mit Abrisssteinen erbaut.

Doch noch einmal zurück zum Wartislaw-Stein von Grüttow. Eine weniger romantische Sichtweise geht davon aus, dass es sich bei dem Stein um einen Grenzstein handelt. Der Findling aus Granit sollte demnach die Linie zwischen den Besitzungen des Klosters und denen der Landesherren markieren. Eine Deutung, die etwas für sich hat.

Oder halten wir es lieber mit Fritz Reuter. Der Dichter erwähnt in seiner »Urgeschicht von Meckelnborg« eine andere Stolper Klostersage, die allem Anschein nach die Leute der Region lange beschäftigt hat, im 19. Jahrhundert aber in Vergessenheit geraten war. »... un nu weiten S' nich mal, dat Stolp en Kloster west is und dat hir unner uns all' holl' und boll is? Hir geiht jo de unnerirdische Gang unnner de Peen dörch«, lässt sich Reuter vom Herrn Entspekter Knitschky erklären.

Die List der Franziskaner

Stralsund

Ein Grab im Kreuzgang eines Klosters war den Mönchen und Nonnen vorbehalten. Oder hochgestellten Persönlichkeiten. Reichen Bürgern oder freigiebigen Adligen, die hier ihre letzte Ruhestätte fanden – Menschen, die sich auf irgendeine Weise um das Kloster verdient gemacht hatten. Das war im Johanniskloster zu Stralsund nicht anders. Nachdem anno 1254 Rügen-Fürst Jaromir dem Franziskaner-Orden ein Grundstück überlassen hatte und durch Spenden genug Geld zusammengekommen war, um den Bau einer Kirche und von Klausurgebäuden beginnen zu können, lebten hier Mönche. Heute ist in dem einstigen Männerkloster das Stadtarchiv untergebracht. Aus der einst stattlichen Kirche ist eine Ruine geworden. Am Weihnachtsabend 1624 brannte das Gotteshaus nieder. Und weil das Geld zum vollständigen Wiederaufbau fehlte, begnügte man sich mit einer bescheideneren Variante – der sogenannten Kleinen Johanniskirche. Dieses Gebäude wurde 1944 bei einem Bombenangriff zerstört.

Vom erwähnten Kreuzgang sind lediglich Teile übrig geblieben. Hier soll Matthias, ein Büttel, begraben worden sein. Hunderte Stralsunder gaben ihm damals das letzte Geleit. Nun muss man wissen, dass die von ihm ausgeübte Profession im Mittelalter als ein unehrlicher Beruf galt. Büttel waren nicht nur als Gerichtsdiener oder Häscher unterwegs, sondern unterstützten den Scharfrichter als Folterknechte oder Henkersgesellen. Als es mit besagtem Matthias zu Ende ging, bat er die Franziskanermönche in sein Haus, um ihm die letzte Beichte abzunehmen. Gegenüber den Männern in ihren Kutten

St. Johanniskloster in Stralsund

äußerte er auch seinen Herzenswunsch: Man möge ihn in geweihter Erde beisetzen.

Das war leichter gesagt als getan, wie sich nach dem Tod des Mannes zeigen sollte. Denn alle drei Stadtkirchen widersetzten sich der Bitte. Schon zu Lebzeiten habe der Büttel zu keiner Christengemeinde gehört, da dürfe Matthias jetzt nicht mit einem Grab auf einem Friedhof rechnen. Seine Nachbarschaft könne einem wahren Christenmenschen nicht zugemutet werden, begründeten die Geistlichen ihre Entscheidung. Dabei hatte sich Matthias stets als besonders fromm und gottesfürchtig erwiesen. Das Einzige, was ihn von anderen Zeitgenossen unterschieden haben soll, war seine riesige Nase. Ein solch großes Riechorgan hatten die braven Stralsunder noch nie in ihrer Stadt gesehen.

Da beschlossen die Franziskaner zu handeln. Alle Mönche zogen zum Wohnhaus des Verstorbenen. In einem beeindruckenden Leichenzug brachte man den Toten ins Kloster. Laienbrüder trugen den Sarg. Sogar an einem großen Holzkreuz fehlte es nicht. Man hatte zu einer List gegriffen und den Toten in eine Mönchskutte gekleidet. Von nun an sei Matthias als einer ihrer Ordensbrüder anzusehen, ließ man jedermann wissen. Für ihn würden die Ordensregeln gelten und nicht die weltlichen Gesetze. »Denn wer ihr Kleid anziehe, der werde selig und nicht verdammt, das habe Franziskus von Gott abgewonnen.« Dem konnten sich die Stadtoberen und die städtischen Kirchen nicht widersetzen. So fand der Büttel Matthias im Kreuzgang von Sankt Johannes seine letzte Ruhestätte. Wenn es stimmt, dann soll sich die ungewöhnliche Geschichte anno 1516 zugetragen haben. Nur kurz vor der Reformation.

Die »Wärmestube« der Antoniter

Tempzin

Im deutschen Nordosten hat man lange Zeit mit dem Heiligen Antonius wenig anfangen können. Mit diesem Mann aus Ägypten, der sich vor gut 1500 Jahren in die Wüste zurückzog, um fernab von menschlichen Siedlungen tagaus, tagein zu beten. Der als Antonius der Einsiedler oder als Antonius der Große in die Kirchengeschichte einging. Dem die Christenheit die Klöster zu verdanken hat. Der sich unbeirrt gegen alle Versuchungen durch den Teufel als unerbittlicher Glaubenskrieger in der christlichen Frühzeit einen Namen gemacht hat. Der bis heute mit dem Heiligen Antonius von Padua verwechselt wird, jenem Franziskaner-Mönch, den Portugal als Nationalheiligen verehrt und dem gewissermaßen die Oberaufsicht über alle verloren gegangenen Gegenstände obliegt und der deshalb als der Schutzpatron aller Vergesslichen gilt. Seit 1222 hat der Große Antonius auch in Mecklenburg einen »festen Wohnsitz«. Das Kloster in Tempzin bei Bruel – etwa zwei Dutzend Kilometer südöstlich von Wismar entfernt; es sollte das einzige dieses Ordens in ganz Mecklenburg bleiben. Fürst Heinrich Borwin II. und seine Frau Adelheid hatten die Mönche ins Land gerufen.

Schon die Gründungsurkunde erwähnt ein Hospital, das der Präzepturei Tempzin, so nannte man die Antoniter-Niederlassungen, angeschlossen sei. Das hatte gute Gründe. Reliquien des Heiligen Antonius galten als besonders wirksam gegen eine ganz bestimmte Seuche: das sogenannte Antonius-Feuer, eine oft tödlich verlaufende Krankheit, hervorgerufen durch den Mutterkorn-Pilz. Dieser Krank-

Ruine des Klostergebäudes

heitserreger gelangt durch ungereinigtes Roggenmehl in den menschlichen Organismus. Zur flächendeckenden Volkskrankheit wurde das Antonius-Feuer ab dem 12. Jahrhundert, als Roggen in Mitteleuropa in immer größerem Umfang angebaut wurde. Auch in Mecklenburg. Dagegen konnten – da war man sich weitgehend einig – nur Reliquien helfen. Am besten Knochen, Haut und Haare des Antonius. Riesige Pilgerströme setzten ein in alle Orte, die solche Reliquien aufbewahrten. Bereits Plätze für Übernachtungen wurden zum Problem. Um die Menschenströme in geordnete Bahnen zu lenken und die Pflege Erkrankter in Hospizen zu ermöglichen, wurde ein eigener Orden gegründet – eben jener Orden der Antoniter. Innerhalb kurzer Zeit entstanden europaweit um die 350 Klöster. Im Laufe der Jahre entwickelte sich die Abtei Tempzin zum Mutterkloster für Filialen in

Skandinavien, Ostpreußen und das Baltikum. Wer vor den Antonius-Reliquien betete, der konnte zumindest auf Linderung hoffen:

»Oh Heiliger Herr Antoni gross
Erwirb uns gnad on underlass
Aplass der Sund Gots huld und gunst
Behuf uns vor deim schweren prunsst!«

In Tempzin haben sich die Mönche offenbar nicht allein auf die Knochen des Antonius und fromme Gebete verlassen. Wenn es stimmt, was eine Legende erzählt, dann setzte man ebenso auf Heilwasser. Die salzhaltige Wunderquelle soll sich unmittelbar in der Nähe des Klosters befunden haben. Ihr Wasser floss in einen Bach ab, der in alten Urkunden als Tepenice bezeichnet wird. Das Wort templo gibt es in vielen slawischen Sprachen. Es bedeutet warm. Also war es Warmwasser, das in Tempzin aus der Erde kam. Egal, ob die Legende vom Heilwasser die Wahrheit sagt oder nicht, hier hat sich jedenfalls tatsächlich eine salzhaltige Quelle befunden, aus der das weiße Gold gewonnen wurde. Antonius-Wasser und Antonius-Wein werden aber auch anderswo erwähnt. Um einen wirkungsvollen Heiltrunk herzustellen, musste man in jedem Fall einen Knochensplitter des Antonius in eine Flüssigkeit tauchen.

Den Mönchen zu Tempzin war ihre Wunderquelle offensichtlich viel wert. So viel, dass sie den Schutz der Quelle einem Drak, einem ausgewachsenen Drachen, übertrugen und damit eine große Sünde begingen. Wie eine Sage behauptet, sollen gleich mehrere dieser geflügelten Ungeheuer den Mönchen untertan gewesen sein. Einer war für das Salz-Sieden zuständig, ein anderer für den Luft-Transport der Abgaben aus den Dörfern. Ein dritter musste alle Geheimnisse des Klosters bewachen. Auch den geheimnisvollen Gang, der angeblich zur einstigen Burg nach Warin führte. Erst nach 1839 wurden die Eingänge zu den Gewölben zugemauert. Noch lange will man Stöhnen und Kettenrasseln gehört haben. 1945 bekamen die Gerüchte um die unterirdischen Gewölbe neue Nahrung. Wie man im Internet lesen kann, entdeckten sowjetische Besatzungssoldaten Reste des Ganges und begaben sich auf Schatzsuche. Zwei von ihnen kamen nie wieder …

Mit der Reformation sind Reliquien weitgehend aus Mecklenburg verschwunden. Das ist in der 500 Jahre alten Tempziner Klosterkirche nicht anders. Ihr Antonius-Altar erinnert jetzt in Güstrow an den bekanntesten Einsiedler der christlichen Welt. Den Antoniter-Orden gibt es nicht mehr. Als die Epidemien durch das giftige Mutterkorn allmählich nachließen, hatten die Mönche ihr Betätigungsfeld verloren. Der Orden ging in den Malteser-Orden auf.

Ein anderes Tempziner Kloster-Gebäude aus dem ausgehenden Mittelalter ist ein besonderer bauhistorischer »Leckerbissen«.

Das spätgotische »Warmhaus«, 1496 erbaut, ist alles andere als typisch für einen Mönchsorden. In der Regel wurden in den Klöstern einzig und allein die Speisesäle geheizt. In Tempzin war das anders. In dem mit Kaminen ausgestatteten Warmhaus hatten die Mönche vor allem Kranke untergebracht. Viele von ihnen konnten ihr Ruhelager nicht mehr verlassen, weil ihnen wegen des Antonius-Feuers Gliedmaßen entfernt werden mussten.

Inzwischen ist das Warmhaus zu einer Begegnungsstätte geworden, und das einstige Gutspächter-Haus dient als Herberge für Pilger. Mehrmals im Jahr finden in Tempzin ökumenische Pilgertouren statt. Jeweils eine Woche lang führen die christlich ausgerichteten Wanderungen rund um das einzige »Pilger-Kloster« Mecklenburgs. Wer Antonius direkt um Gesundheit und Segen bitten möchte, der muss sich ins südfranzösische Arles begeben. In der Pfarrkirche St. Julien hat der Heilige seine letzte Ruhestätte gefunden.

Asyl für einen Heiligen

Wismar

Der alte Fontane wäre überglücklich gewesen. Zeitlebens hat der reisende Schriftsteller mit einem Augenzwinkern bedauert, dass seine Heimat Brandenburg keinen einzigen Heiligen hervorgebracht hat. Was nur wenige wissen: Mecklenburg kann dagegen mit dem Heiligen Ludolf punkten. Dieser Ludolf, auch Ludolfus genannt, war Bischof von Ratzeburg. Er soll am 29. März 1250 in Wismar das Zeitliche gesegnet haben. Als Märtyrer hat er einen Platz in der Kirchengeschichte erhalten, obwohl er im Grunde einen recht natürlichen Tod gefunden hat. Mehr als an den Folgen von Haft und Folter ist er wohl an Altersschwäche gestorben, wie eine Sage einräumt. Nächtelanges Beten und ausgedehnte Fastenzeiten haben ihr Übriges dazugetan.

Der Prämonstratenser-Mönch war seit 1236 Bischof von Ratzeburg. Dort hatte Herzog Albrecht von Sachsen-Lauenburg, aus dem die Geschichtsschreibung einen besonders brutalen Gesetzesbrecher gemacht hat, das Sagen. Der Landesherr erhob Anspruch auf einen Teil des Kirchenbesitzes und auf die uneingeschränkte Landeshoheit. Der Kirchenfürst wehrte sich gegen die herzoglichen Wünsche. Daraufhin nahm man den Geistlichen gefangen und sperrte ihn ins Verließ. Die Sage schildert die Vorgänge recht anschaulich: »Daher wurde er, als er, von wenigen begleitet, ausgereiset war, sein Amt zu verwalten, von Erich vom Walde, einem lübeckischen Ritter, gefangengenommen, verspottet, hart behandelt, ins Gefängnis geworfen, in Wälder geführet und, an Händen und Füßen gebunden, den Stichen der Mücken preisgegeben, und, da er alles geduldig ertrug, ward er den Juden in

Chor der ehemaligen Klosterkirche in Wismar

Hitzacker verpfändet. Dann in die Wälder zurückgebracht und endlich befreiet ...«

Ludolf kehrte nicht nach Ratzeburg zurück, sondern fand in einem Männerkloster zu Wismar Aufnahme. Das Kloster war damals wahrscheinlich noch ein Sitz der Benediktiner, denn erst wenige Jahre später zogen hier Franziskaner-Mönche ein. Die Männer in ihren grauen Kutten sorgten auch für den Namen – Graues Kloster. Heute befindet sich in dem historischen Gebäude ein Gymnasium. Es gibt in Wismar übrigens noch ein Kloster. Das der Dominikaner-Mönche – das Schwarze Kloster. Es wird ebenfalls als Schule genutzt.

Wahrscheinlich gewährte Herzog Johann von Mecklenburg dem Bischof von Ratzeburg ein, zwei Jahre politisches Asyl, wie man heute sagen würde. Kurz vor seinem Tod belegte Ludolf seinen Feind Herzog Albrecht und dessen Nachkommen bis in die vierte Generation mit einem Kirchenbann.

Bei einem Gottesdienst in der Klosterkirche soll Ludolf gestorben sein. Ganz friedlich. Als die Mönche gerade »Kommt, ihr Gesegneten meines Vaters« sangen.

Der Leichnam wurde nach Ratzeburg überführt und im Dom bestattet. Bereits auf dem Rückweg sollen sich erste Wunder zugetragen haben. So begannen die Glocken in den Dorfkirchen von allein zu läuten. In der Folgezeit wollen Zeitgenossen immer wieder ungewöhnliche Heilungen erlebt haben, wenn sich Kranke in unmittelbarer Nähe von Ludolfs Grab aufhielten. Einem Ritter Hartwig von Ritzerow wurde zum Beispiel auf diesem Wege ein Pfeil-Stück aus seinem Kopf entfernt, das dem Unglücklichen lange Zeit arge Schmerzen bereitet hatte. Als sich diese Wunderheilungen häuften, begann die katholische Kirche Ludolfs Heiligsprechung zu betreiben. 1728 stimmte der Papst zu. Eine Kopfreliquie wird seit 1970 in der Prämonstratenser-Abtei Duisburg-Hamborn aufbewahrt.

Hostien, Hopfen und Malz

Zehdenick

Es soll eine recht beeindruckende Prozession gewesen sein. Dieser Menschenzug, der sich damals durch die engen Gassen von Zehdenick bewegte. Vom Gasthof hin zur Kirche der kleinen Oberhavel-Stadt. Alles, was laufen konnte, war an diesem Tag unterwegs. Jung und Alt, Männlein und Weiblein. Man schrieb das Jahr 1249. Aber auch ein Jahr davor oder ein Jahr danach könnte sich das Hostien-Wunder zugetragen haben. Folgt man einem Chronisten, der die Legende im ausgehenden 16. Jahrhundert zu Papier brachte, war dem Ganzen eine unerhörte Gotteslästerung vorausgegangen.

Der Frau eines Gastwirtes hatte es offenbar nicht ausgereicht, was ihr Mann mit seinem Ausschank verdiente. Deshalb beschloss sie, während des Heiligen Abendmahls eine geweihte Hostie zu stehlen. Für die katholische Kirche bedeutete das einen Frevel unerhörten Ausmaßes. Eine Hostie galt nicht weniger als der Leib Jesu Christi. Die umtriebige Wirtsfrau versteckte das Gebäckstück unter ihrer Zunge. Niemand bemerkte den Diebstahl. Zu Hause angekommen, drückte sie ihre Beute in ein Stück Wachs und vergrub das Diebesgut im Keller. Unmittelbar vor einem gewaltigen Bierfass. Nach einem alten Aberglauben ließ sich durch diese Prozedur die Qualität des Biers verbessern und man konnte die Zecher zum Mehr- und Weitertrinken anregen.

Doch irgendwann bekam die gute Frau Gewissensbisse. Nachts plagten sie fürchterliche Albträume. Tag für Tag dachte sie unentwegt darüber nach, welche Strafen nach ihrem Tod in der Hölle auf sie warteten. Lange hielt sie diesen seelischen Druck nicht aus. Die Sünderin beichtete dem Pfarrer ihr Vergehen. Gemeinsam begaben sich die beiden zum »Tatort«. Als sie die Hostie ausgruben, wurden sie Zeugen eines Wunders. Die tief beeindruckten Gläubigen fanden Blut an der Hostie. Auch das Erdreich vor dem Bierfass war rot gefärbt.

Wie ein Lauffeuer verbreitete sich die Kunde vom Hostienwunder in der Stadt. Hostie und blutige Erde wurden in die Kirche getragen und erhielten einen Ehrenplatz. Diese Reliquien lockten immer mehr Pilger nach Zehdenick, die um Gesundheit und um Erlösung von ihren Sünden baten. Bald reichte das kleine Kirchlein nicht mehr aus, es musste ein größeres Gotteshaus errichtet werden. Es entstand das Kloster samt Klosterkirche, geweiht der Jungfrau Maria und dem Heiligen Georg.

Wie es oft bei Klostergründungen der Fall ist, sprechen die historischen Tatsachen eine andere Sprache. Da erscheint alles weniger romantisch. Als Klosterstifter sind die Markgrafen Johann I. und Otto III. von Brandenburg samt ihrer Schwester Mechthild von Braunschweig-Lüneburg in die Geschichte eingegangen. Die beiden Fürsten waren es auch, die Zehdenick das Stadtrecht verliehen. Damals lag das Kloster außerhalb der Stadtmauern. Gewiss hatten die Markgrafen vor, auf diese Weise zugleich den christlichen Glauben in dem teilweise noch slawisch-heidnischen Land auf feste Füße zu stellen. Aber weitaus mehr noch wird Machtpolitik eine Rolle gespielt haben. Die beiden Brüder symbolisierten mit der Klostergründung ihren Anspruch auf den Landstrich an der Oberen Havel. Immer wieder mussten sich hier märkische Fürsten gegen Heere aus Pommern oder Mecklenburg und den einheimischen Adel verteidigen. Unzählige blutige Auseinandersetzungen hat es deshalb gegeben. Dörfer gingen in Flammen auf, Städte wurden geplündert. Auch Kloster Zehdenick wurde mehrfach zum Objekt der Begierde. Denn arm wie die sprichwörtlichen Kirchenmäuse war man nicht. Immerhin gehörten dem Kloster nicht we-

Klosterruine Zehdenick

Kreuzgang im Kloster Zehdenick

niger als 16 Dörfer. Man verfügte außerdem über ausgedehnte Wälder und fischreiche Seen.

Den vielen Pilgern war ein Aufenthalt im Wallfahrts-Ort Zehdenick viel wert, sie ließen deshalb eine gute Stange Geldes in Stadt und Kloster zurück. Dieser Geldregen blieb allerdings endgültig aus, als nach der Reformation Brandenburgs Kurfürst Joachim II. die Klöster auflöste. Den Klosterschatz einschließlich aller Reliquien zog die Fürstenfamilie Hohenzollern ein. »... sonderlich de gefess, darin das heilige Blut sollte sein, damit so lang abgötterei getriben«, heißt es in einer alten Urkunde. Nach und nach verließen die damals noch 50 Nonnen das Haus oder verstarben. Die Klosterkirche verfiel und wurde abgetragen. Der Große Kurfürst verfügte, einen Teil der Steine zum Bau des Schlosses in Oranienburg zu verwenden.

Auch der Efeu am Kloster, war man lange Zeit überzeugt, hat zum Niedergang des Klosters zumindest beigetragen. Denn Efeu brachte dem Volksglauben zufolge Unglück. Die Mädchen des Hauses, an dessen Wänden das Grün emporklomm, bekamen keinen Ehemann ab. Mit einem Todesfall in absehbarer Zeit war zu rechnen. Vor allem wenn man die Kletterpflanze in geschlossenen Räumen hielt. Das könnte auch der letzten Äbtissin, einer Barbara Fabian, zum Verhängnis geworden sein. Denn es ist durchaus möglich, dass sich 1541 die Äbtissin tatsächlich einen Spross der Kletterpflanze in ihre Zelle geholt hat. Oder ihn als Zimmerschmuck ins Refektorium bringen ließ, in den gemeinsamen Speisesaal. Vielleicht aus Unwissenheit. Sie war gerade erst vier Wochen im Amt, als die landesfürstliche Anordnung zur Klosterauflösung erlassen wurde. Nach fast 300 Jahren wurde aus dem Zisterzienserinnen-Kloster zu Zehdenick ein evangelisches Stift für adlige Damen. Von nun an konnten sich hier unverheiratete, gutbetuchte Frauen und Witwen einkaufen.

Was den Efeu von Zehdenick betrifft, so rankt sich die robuste Kletterpflanze nach wie vor um die mittelalterliche Kloster-Ruine. Es soll der älteste Efeu in ganz Europa sein. Er stammt noch aus den »Kinderjahren« des Klosters und dürfte nach Ansicht von Experten mehr als 700 Jahre alt sein.

Heidenlinde und Klosterbruder

Zinna (bei Jüterbog)

Sie können es getrost glauben: Die Geschichte mit der Heidenlinde von Zinna ist eine Legende. Zugegebenermaßen eine schöne Legende. Keine hundert Meter von der Klostermauer entfernt reckt sich ein knorriger Baum-Veteran in die Höhe. 1000 Jahre alt soll die Heidenlinde sein. Hier, an der Straße nach Grünau, floss einst ein Bach. Unter den Zweigen dieser Linde wurden die letzten Heiden getauft, will die uralte Überlieferung wissen. Das mit dem Ort könnte eventuell stimmen, das mit dem Baum jedoch nicht. Keine 500 Jahre alt ist die Linde. Irgendwann zwischen Reformation und Dreißigjährigem Krieg werden ihre Blüten zum ersten Mal geduftet haben. Da gab es in der Region schon lange keine Heiden-Taufen mehr. Kann es sein, dass es an gleicher Stelle einen Vorgänger gegeben hat?

Die Zwangstaufen könnten durchaus viele Jahre vorher stattgefunden haben, in den Kinderjahren von Kloster Zinna. Im ausgehenden 12. Jahrhundert, als der Magdeburger Erzbischof Wichmann vom Brandenburger Markgrafen Albrecht dem Bär die ausdrückliche Zustimmung bekommen hatte, in der Nähe der heutigen Stadt Jüterbog Zisterzienser-Mönche anzusiedeln. Das hatte geradezu symbolische Bedeutung, denn die hochadligen Herren waren einander »nicht grün«. Beide erhoben Anspruch auf die Fläming-Gegend. Sie galt, würde man heute sagen, als eine »Boom-Region«. Immer mehr Siedler aus den Niederlanden – von den sich ansiedelnden Flamen kommt der Name Fläming – und aus Norddeutschland ließen sich in dem Landstrich nieder. Der Erzbischof galt zugleich als weltlicher Landesherr. Als ein Mann, der um

Kloster Zinna

seine Rechte kämpfte. Wenn es sein musste, sogar mit Waffengewalt. Wie geschehen weiter im Nordosten, in der Strausberger Gegend, wo in dieser Zeit Brandenburger und Magdeburger erbittert um die Vorherrschaft stritten. Dazu versuchten die sächsischen Wettiner, sich dort festzusetzen. Unruhige Zeiten waren das demnach, als sich um 1170 oder 1171 die Mönche mit den weißen Kutten und den schwarzen Schürzen in dem Sumpf-Gebiet um Zinna niederließen.

Die zwölf Männer und ihr erster Abt Rizzo kamen aus der Abtei Altenberg im Erzbistum Köln. Gewiss ging es bei ihrer Ansiedlung um die Trockenlegung von Mooren und um die Gewinnung von Ackerland. Aber nicht nur darum. Mit dem Kloster wollte der Erzbischof ein Zeichen setzen. Man sollte wissen, wer im Fläming »Herr im Hause« ist. Es war ihm kein langer Erfolg beschieden. Neun Jahre später brannten slawische Heiden die Abtei nieder und erschlugen den Abt. Es könnten aufgebrachte Bauern oder Fischer aus der unmittelbaren Umgebung gewesen sein, die ihren althergebrachten Glauben verteidigten. Noch stärker aber sind überregionale politische Interessen zu vermuten. In diesen Jahren durchzogen Kriegsknechte des Herzogs von Pommern brandschatzend die Gegend.

Der zweite Anlauf zur Klostergründung war erfolgreicher. Davon zeugt die Klosterkirche, die um 1230 entstanden sein muss und die sich in die Gegenwart hat retten können. Obwohl Zinna zwar zu keiner Zeit ein besonders großes Kloster war, galt es als ein reiches Kloster. In den Blütezeiten konnten die Mönche über 39 Dörfer verfügen. Außerdem bezogen die Brüder beachtliche Einnahmen aus den Kalkstein-Brüchen von Rüdersdorf. Und noch eine andere Einnahmequelle der Mönche wird in jeder größeren Sagensammlung ausdrücklich erwähnt: die Marien-Kapelle auf dem Golm, einem Berg zwischen Baruth und Jüterbog. An den Marien-Feiertagen und zum Johannes-Tag im Juni kamen Tausende und Abertausende Pilger, um für ihr Seelenheil zu beten. Die Wallfahrer ließen sich diesen seelischen Beistand durch die Mönche etwas kosten und ließen manches Geldstück zurück.

Die Legende erzählt, vom Kloster aus führte einst ein Gang zum Berg. Nicht etwa, um die Kapelle vor möglichen Feinden zu schützen oder die Spenden der Pilger sicher in die Abtei bringen zu lassen. Nein, der Gang war gewissermaßen ein unterirdischer »Pfad der Liebe«. Mit seiner Hilfe konnten sich die Mönche unbemerkt mit den Nonnen eines benachbarten Frauenklosters treffen. Leider erwähnt die Sage nicht, aus welchem Kloster die Damen stammten. Denn auch von dort aus soll ein Gang auf den Golm geführt haben. Die Kapelle ist verschwunden. Lediglich ein Kreuz erinnert an den Wallfahrtsort. Der Klosterschatz soll sich allerdings noch immer in den Gewölben befinden. Zumindest ein Teil davon. Vor vielen Jahren war ein Herr von Rochow bei der Suche erfolgreich und hat sich mit dem Gold das Schloss in Stülpe errichten lassen.

Wie alle Mönche waren auch die von Zinna erfinderisch, wenn es um ihre Einnahmen ging. Eine gute Geldquelle sahen sie – so makaber es klingt – in Hinrichtungen. Das Kloster verfügte in seinen Dörfern über die Blutgerichtsbarkeit. Wurde ein Sünder ins Jenseits befördert, hatten die Bewohner in den Klosterdörfern zu zahlen. Jeder Kossät sechs Pfennige, ärmere Einwohner hatten Eier abzuliefern. Also wurden Todesurteile für Nichtigkeiten gesprochen und vollstreckt. Kloster Zinna trieb es wohl besonders schlimm. Anno 1538 soll deshalb der bekannteste Räuber jener Zeit dem Kloster gedroht haben. »Oh, ihr Menschenkinder, wenn ihr richten wollt, so richtet recht, damit ihr nicht selber gerichtet werdet«, ließ Michael Kohlhase die Mönche wissen. Auf seine Anordnung hin wurden eines Nachts die Hingerichteten christlich bestattet und die Werkzeuge der Henker zerstört.

Zeitlos schön ist dagegen die Geschichte um den »Zinnaer Klosterbruder«. Ein Mönch namens Lukas soll diesen süßen Kräuterschnaps »erfunden« haben. Diesen Zisterzienser hatte tiefer Kummer befallen – Liebeskummer. Die strengen Ordensregeln sahen aber keinen Platz vor für die Zuneigung zu einer Frau. Weil Lukas keinen Sinn in seinem Leben sah, wollte er sterben. Aus Wald- und Wiesenkräutern mischte er sich einen Todestrank. Aus 26 verschiedenen Pflanzen, heißt es. Doch der erwartete Effekt blieb nicht nur aus, sondern schlug ins Gegenteil um. Nach dem Genuss der »Todesdroge« blieben ihm weiter die Tore zur Ewigkeit verschlossen, dafür fühlte er sich so gut wie nie zuvor.

Irgendwann gerieten der Kräuterlikör und seine Herstellung in Vergessenheit. Um 1759 will der Luckenwalder Gastwirt Johann Christian Falckenthal das Rezept wiederentdeckt haben. Eine Geheimrezeptur, wie der geschäftstüchtige Mann wissen ließ. Das war zu Zeiten, als in der Wirtschaft neue Ideen gefragt waren. Kurz bevor Friedrich der Große Zinna zu einem Weber-Städtchen machte. Inzwischen ist der Kräuterlikör zu einer süßen Legende geworden. Sogar ins Kloster ist die Fläming-Spezialität zurückgekehrt. In der Abtei gibt es eine Schaudestillation.

Verwendete Literatur

Blaschke, Wolfgang, 700 Jahre Franziskanerkloster zu Angermünde, Stadt Angermünde 1999

Blunk, Hans Friedrich, Ostseesagen, Husum Druck- und Verlagsgesellschaft, Husum 1989

Burkhardt, Albert, Sagen und Märchen der Insel Rügen, Altberliner Verlag, Berlin 1994

Doberlug – Klosterkirche St. Marien, Kunstverlag Peda, Passau 1997

Das Zisterzienserkloster Dargun im Stammesgebiet der Zirzipanen, Franz Steiner Verlag, Stuttgart 2003

Drewitz, Ingeborg, Märkische Sagen, Ullstein Verlag, Berlin und Frankfurt/Main 1990

Haupt, Kurt, Sagenbuch der Lausitz, Domowina-Verlag, Bautzen 1991

Heimatbuch des Kreises Angermünde, Strüderverlag, Neuwied 1970

Kuhn, Adalbert, Märkische Sagen und Märchen, Berlin 1843

Lorenz, Maximilian, Die Klosterkirche zu Mühlberg a.E., Zielke Verlag, Liebenwerda 1906

Neumann, Siegfried, Sagenhaftes Berlin, Heinrich Hugendubel Verlag, München 2000

Neumann, Siegfried, Sagen aus Mecklenburg, Weltbild Verlag, Augsburg 1998

Neumann, Siegfried, Sagen aus Pommern, Weltbild Verlag, 1998

Pötschke, Dieter, Geschichte und Recht der Zisterzienser, Lukas Verlag, Berlin 1997

Rudloff, R., Geschichte des Stiftes Marienfließ, Verlag Dr. U. Cienke, Pritzwalk o.J.

Sagen von Jüterbog, Stadtverwaltung Jüterbog 2002

Scharnweber, Sagen, Anekdoten und Schnurren aus dem Kreise Luckau, Verlag Heinrich Krahl, Berlin 1933

Schlegel, Gerhard, Das Zisterzienserkloster Dargun 1172–1552, St. Benno-Verlag, Leipzig 1980

Schmidt, Herrmann, Das Kloster Stolpe, Heimatkundliche Schriftenreihe des Kreises Anklam, 1953

Schmidt, Ingrid, Götter, Mythen und Bräuche von der Insel Rügen, Hinstorff, Rostock 2002

Schmidt, Oliver, Kloster Zinna und der Orden der Zisterzienser, Lukas Verlag, Berlin 2001

Schmidt, Alfred, Geschichte des Mühlberger Marienklosters, Verlag Hermann Lindhorst, Mühlberg 1920

Schmidt/Feuerstake, Die Zisterzienser und ihre Klöster in Brandenburg, Lukas Verlag, Berlin 2005

Schulz, Erwin, Die rote Feuerkugel – Sagen aus der Uckermark, Schibri-Verlag, Milow 2009

Streit um die Prignitz, Kulturamt der Kreisverwaltung Perleberg, 2007

Traeger, Josef, St. Maria im Sonnenkamp, St. Benno-Verlag, Leipzig 1979

Bildnachweis

Franke, Lars S. 13, 25, 31, 35, 41, 49, 55, 52, 57, 64, 67, 77, 76, 82, 81, 87, 90, 89, 103, 107, 119, 123, 126, 137, 140

wikipedia.com: S. 60, 73 (Doris Antony), S. 93, 123 (Erell), S. 44 (Grandy02), S. 110, 111 (Kresspahl), S. 18 (Minster-Gorinin), S. 129, 133 (Niteshift (talk)), S. 97 (Schiwago), S. 45 (stellaris), S. 69 (Thomas Böhme), S. 115 (Tmv23), S. 100 (Trinitatis-Fritzbruno)

Weitere Titel des Autors

Lars Franke
Spukgeschichten aus Berlin & Brandenburg
ISBN 978-3-941683-18-1
12,95 €

Lars Franke
Friedrichs Sanssouci und andere Schlossgeschichten
ISBN 978-3-942477-19-2
12,95 €

Die Deutsche Nationalbibliothek verzeichnet diese Publikation in der Deutschen Nationalbibliografie; detaillierte bibliografische Daten sind im Internet über http://dnb.d-nb.de abrufbar.

1. Auflage 2014

Steffen GmbH, Erich-Weinert-Straße 138, 10409 Berlin
Tel.: (030) 41 93 50 08
www.steffen-verlag.de; info@steffen-verlag.de

Herstellung: Steffen GmbH, Mühlenstraße 72, 17098 Friedland,
www.steffendruck.de

ISBN 978-3-942477-59-8